大学生职业生涯与就业指导

张宏奎　王姝丽　王　慧◎主编

重庆出版集团 重庆出版社

图书在版编目 (CIP) 数据

大学生职业生涯与就业指导/张宏奎,王姝丽,王慧
主编. 一重庆:重庆出版社,2023.7
　ISBN 978-7-229-17770-6

　Ⅰ.①大… Ⅱ.①张… ②王… ③王… Ⅲ.①大学
生－职业选择－高等学校－教材 Ⅳ.①G647.38

中国国家版本馆 CIP 数据核字(2023)第 118779 号

大学生职业生涯与就业指导
DAXUESHENG ZHIYE SHENGYA YU JIUYE ZHIDAO

张宏奎　王姝丽　王　慧　主编

责任编辑:钟丽娟
责任校对:刘　刚

重庆出版集团
重庆出版社　出版

重庆市南岸区南滨路 162 号 1 幢　邮编:400061　http://www.cqph.com
北京四海锦诚印刷技术有限公司印刷
重庆出版集团图书发行有限公司发行
E-MAIL:fxchu@cqph.com　邮购电话:023-61520646
全国新华书店经销

开本:787mm×1092mm　1/16　印张:8　字数:196 千
2025 年 1 月第 1 版　2025 年 1 月第 1 次印刷
ISBN 978-7-229-17770-6
定价:68.00 元

如有印装质量问题,请向本集团图书发行有限公司调换:023-61520678

前言

就业关系到国家、社会、高校和毕业生的切身利益。我国经济经过多年持续发展后步入新常态运行，社会对高素质创新型人才需求见长，总体就业岗位趋于减少。对大学毕业生而言，就业竞争加剧，机遇与挑战并存。职业发展与就业指导是高校毕业生就业工作的重要环节，也是促进高校毕业生实现高质量充分就业的前提和基础。从大学生来讲，做好自己的职业生涯规划和接受有效的就业指导是非常必要的。高校要按照全程化、全员化、信息化、专业化的要求，进一步提升就业指导和服务水平，将就业指导课程切实纳入高校教学计划。

基于此，本书以"大学生职业生涯与就业指导"为题，全书共设置四章：第一章阐述职业与职业素质、职业生涯规划的基本理论、职业生涯规划及影响因素；第二章分析大学生职业生涯决策理论及方法、大学生职业生涯规划的制定步骤、大学生职业生涯规划书的拟定；第三章探讨大学生就业形势分析、大学生就业类型及政策、大学生就业信息的收集与处理；第四章论述大学生就业准备、大学生就业心理与就业观、大学生求职的简历制作、大学生求职技巧与环节。

全书内容简明扼要，语言浅显易懂，体例新颖丰富，来源于实践，融合大学生职业生涯教育和就业指导实际工作的经验总结。同时，结合学生的实际情况，在内容和形式上进行了一些创新，对指导大学生规划职业生涯、顺利就业非常有借鉴性。

笔者在撰写本书的过程中，得到了许多专家学者的帮助和指导，在此表示诚挚的谢意。由于笔者水平有限，加之时间仓促，书中所涉及的内容难免有疏漏之处，希望各位读者多提宝贵意见，以便笔者进一步修改，使之更加完善。

目 录 Contents

第一章　职业生涯规划概述

第一节　职业与职业素质

一、职业的基本认知

（一）职业的内涵

"职业是指从业者为获取主要生活来源而从事的社会性工作类别。职业是社会与个人的连接点，反映了个人在社会中的位置。"① 职业的产生和发展是社会生产力进步的结果，同时又促进生产力的提高。一个国家的经济结构、产业结构、科技结构和生产力总体水平决定了社会职业的构成，而职业构成的变化也客观反映着经济、产业、科技及生产力水平的状况。总之，职业是社会发展的客观产物。可以通过如下方面来理解职业：

第一，并不是任何工作都能成为职业，某项工作只有变得足够重要、足够丰富以至能吸引劳动者长期稳定地投入其中才能够成为职业。并且，劳动者从事这项工作时还能够取得一定的经济收入，取得合理的劳动报酬，满足劳动者的物质需求。

第二，职业是劳动者获得的一种社会角色，劳动者必须按照社会结构中这一社会角色的规范去行事。

第三，职业为劳动者提供了一个体现个人价值的机会。

产业、行业与职业的关系为：产业是指具有某种同类属性的经济活动的集合或系统。人们通常所说的三大产业指的是：第一产业包括农业、林业、牧业、副业和渔业；第二产业包括制造业、采掘业、建筑业和公共工程、上下水道、煤气；第三产业包括商业、金融业、保险业、不动产业、运输业、通讯业、服务业及其他非物质生产部门。行业一般是指按生产同类产品或具有相同工艺过程或提供同类劳动服务划分的经济活动类别，如饮食行业、服装行业、机械行业、金融行业和移动互联网行业等。

---

①张晓蕊，马晓娣，岳志春. 大学生职业生涯规划［M］. 北京：北京理工大学出版社，2019：5.

1

产业、行业、职业三者之间既联系密切，具有相同点，又是有区别的。

三者的联系表现在：三者都是社会分工的产物，都是社会生产力不断发展的必然结果，这是它们在本质上的共同点。在社会发展中，随着新技术的出现，产生了新产品及相应职业的从业人员。随着新产品的生产及相应从业人员数量的不断扩张，新的行业逐渐形成。当新行业发展到一定规模时，就会与其他相关行业进行整合，依据其发挥作用的程度并入或形成新的产业。

三者的区别表现在：在国民经济领域中，它们的层次是由高到低，概念上涉及的范围是由大到小。产业的着眼点是生产力布局的宏观领域，体现的是以产业为单位的生产力布局上的社会分工，产业由行业组成；行业的着眼点是企业或组织生产产品的微观领域，体现的是以行业为单位的产品生产上的社会分工，行业由企业或组织组成；职业的着眼点是组织内工作人员的具体工种，体现的是以人为单位的劳动技能上的社会分工，职业是由人的技能组成。

（二）职业的特点

职业是一种社会劳动岗位，是人们从事的相对稳定的、有报酬的、专门类别的社会劳动，是个人社会地位的一般性表现，也是一个人的权利、义务和职责的体现。总体而言，职业一般包括如下特点：

第一，获得现金或实物等报酬是从事职业的目的。

第二，职业是从业人员在特定社会生活环境中所从事的一种与其他社会成员相互关联、相互服务的社会活动。

第三，职业是在一定历史时期形成的，具有较长的生命周期。

第四，职业必须符合国家法律和社会道德规范。

第五，职业必须具有一定的从业人数。

（三）职业的特征

第一，同一性特征。某一类别的职业内部，其劳动条件、工作对象、生产工具、操作内容相同或相近。因此，人们就会形成统一的行为模式，有共同的语言习惯和道德规范。基于此，才形成了诸如行业工会、行业联合体等社会组织。

第二，差异性特征。不同职业之间存在很大差异，劳动条件、工作对象、工作性质等都不相同。随着社会的进步和发展，新的职业不断涌现，各种职业之间的差异也不断变化。

第三，层次性特征。从社会需要的角度看，职业没有高低贵贱之分，但现实生活中由于对从业者的素质要求及人们对职业的看法或舆论评价的不同，不同职业就有了层次之分。这种职业层次是由不同职业所需付出的体力劳动和脑力劳动、收入水平、工作环境、社会声望、权力地位等因素所决定的。

第四，时空性特征。随着社会的发展和进步，职业变化迅速，在旧职业逐渐消失、新职业不断出现的同时，同一职业的活动内容和方式也在发生变化，所以有些职业具有明显的时代性，不同时代有不同的热门职业。例如，我国曾出现的"当兵热""从政热""下海热""外企热"等，都反映出特定时期人们对某种职业的热衷程度。在不同的区域，有些职业也会体现出明显的地域特征。

第五，经济性特征。从出现的角度看，职业的产生源自生产分工，在经济发展到一定阶段就一定会出现这样的结果，是历史发展的必然。从个体生存的角度来看，人们依靠工作来获得经济收入，每份工作背后都代表了一份职业，是个体能够在社会中生存的重要途径。从社会建设的角度看，职业是社会经济运行的重要支柱，能够为社会创造劳动财富，为社会的发展提供了必不可少的物质基础。从经济发展的角度来看，经济发展可以促进社会分工的改善，从而创造新的就业岗位。

第六，社会性特征。职业的产生和社会发展息息相关，是必然产物。就业岗位的出现反映了社会分工的改善。新工作岗位的出现，意味着社会分工得到了有效改善。社会成员在社会上从事着不同的职业，社会才能持续发展。

第七，技术性特征。一个职业的出现，意味着一个特定工作的发展必须由特定才能的人进行，这个人必须具备完成该工作任务的能力，满足高水平的专业工作要求。因此，每个职业都有一定职责，要求从业者的知识完备，技能熟练，这主要体现在对于从业者的学历、专业资格、专业技能水平等都有特定的要求。只有工作人员符合各项工作要求，才可以从事这个职业的相关工作。

第八，群体性特征。一个职业的出现，必然是很多人从事一个特定的职业，才能有一个特定的职业，一个人也可以具备多个职业。当一种工作的人数量达到了一定规模，且被社会认可时，那么这份工作就可以称为一个职业，所以这个职业具有鲜明的群体特征。

第九，发展性特征。职业一直都处于动态变化。它的发展深受社会经济、技术和文化等多方面因素的影响。社会经济、科技水平和文化发展程度都会导致社会职业的变化，有的职业在社会发展中消失了，但同时也会有新的职业出现。因此，职业有自身的发展性，职业发展离不开社会环境的发展。

（四）职业的功能

职业在人们的社会生活中居于重要地位，处理好职业问题对人一生的发展和维持社会的正常运行与进步具有重大意义。

1. 职业的个体功能

对个人而言，职业具有以下功能：

（1）职业是个人获得经济收入的来源，是个人维持家庭生活的手段。

（2）职业是促进个性发展的手段，当个人从事的职业能使个人的特长、兴趣得到充分发挥时，也就促进了个性的充分发展。

（3）职业是个人在社会劳动中从事具体劳动的体现，是个人贡献于社会的途径。

（4）职业是个人获得名誉、权力、地位和金钱的来源。

2. 职业的社会功能

对社会而言，职业具有以下功能：

（1）职业存在和职业活动构成了人类的社会存在和社会活动。

（2）职业劳动创造社会财富，为社会的存在和发展奠定物质基础。

（3）职业分工是构建社会经济制度的前提，也是社会经济制度运行的基础。

（4）职业是维持社会稳定、实现社会控制的手段。

（5）职业的运动（如职业结构的变化、职业层次间矛盾的解决）是推动社会进步的一种动力。

二、职业的分类及其发展趋势

（一）职业的分类

职业分类是运用一定的科学方法和手段，对社会全体从业人员所从事的各类经济性活动进行分析和研究，按活动的性质、对象、内容、形式、功用和结果等进行类型划分和归总的工作。职业分类的目的是将社会上纷繁复杂的现行工作类型，划分成规范统一、井然有序的层次或类别。

职业分类是国家经济、劳动和职业教育培训工作的基础，科学的职业分类能有效掌握和观测国家经济结构及就业结构的变动发展，并能为国家职业教育培训确定目标与方向。

由于各国国情不同，职业分类方法和标准也有所差别，下面探讨西方国家和我国的职业分类标准：

1. 国外职业分类

根据西方国家一些学者提出的理论，一般按照以下标准对职业进行分类：

（1）按体力劳动和脑力劳动的性质、层次分类。按照这种分类标准，可将从业者划分为白领工作人员和蓝领工作人员两大类。

白领工作人员包括：专业性和科技性的工作人员，如会计、建筑师、计算机专家、工程师、法官、医生、教师、牧师、社会科学家和作家等；农场以外的经理和行政管理人员；销售人员；办公室工作人员。

蓝领工作人员包括：手工艺及类似工人，如木匠、砖瓦匠、建造工、保养工和油漆工等；运输装置操作工人；农场以外的工人，如饲养人员、建筑工人、垃圾工和伐木工等；服务性行业工人，如清扫服务工、农场工人、私人服务人员等。

（2）按心理个别差异分类。这种分类方法是根据美国著名的职业指导专家霍兰德创立的"人格—职业"类型匹配理论，把人格类型分为六种，即现实型、研究型、艺术型、社会型、企业型和常规型，与此相对应的是六种职业类型，具体如下：

第一，现实型：主要是指熟练的手工和技术工作，通常指运用手工工具或机器进行的工作，在西方常被称为"蓝领"职业。从事这类工作的人包括木匠、鞋匠、锁匠、产业工人、运输工人（司机）等。

第二，研究型：主要是指科学研究和试验工作。从事这些工作的人，包括研究自然界和人类社会是怎样构成和发展变化的工作人员。

第三，艺术型：主要是指艺术创作类工作。这些工作是人们使用语言、音像、动作、色彩等创造艺术的工作。作家、艺术家、舞蹈演员、摄影师、书画家和雕塑家等各类文艺工作者就是从事这类职业的人。

第四，社会型：主要是指为人办事的工作，即教育人、医治人、帮助人、服务人的工作。从事这类工作的人包括教师、医生、护士、服务员、家庭保姆等。

第五，企业型：是指那些劝说和指派他人去做某事的工作。从事这类工作的人包括国家机关及工作机构的负责人、党政干部、经理、厂长、律师、商业顾问、推销员等。

第六，常规型：通常是指办公室工作，即与组织机构、文件档案和活动安排等打交道的工作。从事这类工作的人包括办公室办事员、图书管理员、统计员、银行出纳、商店收款员和邮电工作人员等。

2. 我国职业分类

《中华人民共和国职业分类大典》是我国第一部对职业进行科学分类的权威性文献。由于它的编制与国家标准《职业分类与代码》的修订同步进行，相互完全兼容，因此，它本身也就代表了国家标准。《中华人民共和国职业分类大典》把我国职业划分为由大到小、由粗到细的四个层次：大类、中类、小类、细类，细类为最小类别，亦即职业。

第一大类：党的机关、国家机关、群众团体和社会组织、企事业单位负责人。

第二大类：专业技术人员。

第三大类：办事人员和有关人员。

第四大类：社会生产服务和生活服务人员。

第五大类：农、林、牧、渔业生产及辅助人员。

第六大类：生产制造及有关人员。

第七大类：军人。

第八大类：不便分类的其他从业人。

（二）职业的发展趋势

1. 当前职业的发展趋势

随着社会的不断进步，职业在不断地分化、重组，新的职业层出不穷，传统的职业面临消亡。目前，第一、第二产业的社会职业以变动和重组为主，第三产业正在迅猛发展，特别是信息产业，发展潜力巨大。这些新兴行业的出现和兴起将为社会提供更多的就业岗位。而且由于新技术、新成果的不断推广应用，又为传统行业提供了新的发展机遇，整体呈现出以下特点：

第一，社会职业种类越来越多。由于分工不断趋于精细，职业之间的差异不断加大，许多新兴职业应运而生，已远远超过"三百六十行"。

第二，社会职业结构变迁的速度越来越快。从农业革命到工业革命经历了数千年，而从工业革命到新的产业革命，才200多年。其间，不断出现新的行业，且行业的主次地位变化也越来越快。

第三，脑力劳动者职位在社会职位总额中所占比例越来越大，劳动岗位中体脑混合，且体力劳动所占的比例越来越少。

第四，劳动岗位的地域空间越来越小，行业特征愈加淡化。同类岗位在不同地域都会存在，行业间的互相依赖、融合程度不断提高，使得同类岗位的地域集中度愈加密集，相互依赖的行业趋于同一，特征愈加隐化。

第五，岗位所需的职业知识和技能更新周期加速，复合程度提高。

这些特点使宽口径、复合型、通用型专业的大学生择业余地较大，也使用人单位对大学生非专业综合素质的要求空前提高。

2. 未来职业的发展趋势

从总体上来看，未来职业的发展趋势主要表现在以下方面：

（1）职业分工更趋细化，专业化程度越来越高，出现综合化和多元化趋势。科学技术和生产力的飞速发展，使得社会分工更为精细和具体，各个职业的专业化程度越来越高。许多传统的职业进一步分解，细化为许多专业化程度更高的职业，如财政工作现在已经包括资产评估、税务、会计、精算等一系列职业在内的职业群体。同时，职业逐渐向综合化、多元化的方向发展，打破了以往每种职业都有相对固定范围的界限，职业间的相互交叉、延伸，使职业间的界限越来越模糊。

（2）职业结构的重心发生转移，第三产业的职业数量不断增加。从职业结构的发展变化来看，第一产业的就业数量比例降低，劳动生产率提高，产品呈现出绿色、高科技、深加工等特点，职业岗位则"少而精"，其知识、技术含量高，对从业者的技能层次要求高。第二产业的结构随着社会需求的变化而不断变化、更新，其产品和技术工艺的种类繁多，职业岗位的数量与层次将增多。

第一、第二产业的高度发展，人民收入普遍提高，生产机械化、自动化的日益发展，劳动生产率不断提高，都可以节约出大量的社会劳动力投入第三产业部门。因此，未来以服务为主的第三产业的职业将迅速发展，数量和比例进一步加大，岗位种类与层次众多，职业层次提高，形成若干大的"高新第三产业"职业群，如金融证券、物业管理、旅游、保健类职业，以至人们已提出"第四产业""第五产业"的概念。在未来相当长的时期内，与新科技革命相关的信息、能源、环境、生命、人工智能和空间领域的技术岗位都将成为热门职业。

第四产业又称知识产业或信息产业。在新技术革命的推动下，人们把从事各种信息工作的部门称为第四产业。例如，网络经济产业、通信产业、卫星产业等都属于第四产业的范畴。

第五产业又称文化产业，是指按照工业标准生产、再生产、存储，以及分配文化产品和服务的一系列活动的统称。第五产业属于智慧产业范畴，包括咨询、策划、广告、文艺、科学和教育等，它直接获取和利用人自身的智慧资源，满足人或机构在知识、文化、技术等方面的需要。

（3）职业活动内容不断弃旧更新。同样的职业在不同年代，工作内容有很大的变化。旧的业务知识、技术方法不断被新的业务知识和技术方法所取代。社会同一行业或职业对人才的要求也将随时代的不断变化而变化。

例如，会计这一职业在古代以"账房先生"的形式存在着；在电子技术出现以前，只要会账簿式记账就行了，所要掌握的业务知识和技术也就是懂算术和会打算盘；之后，随着社会进步和经济发展，尤其是电子技术出现以后，会计的种类也越来越多，大致可分为出纳会计、成本会计、现金会计等，对会计这一职业的业务知识和技术要求也越来越高，不仅要会用传统的算盘、会账簿式记账，而且还要会用电子计算机来进行操作管理，懂会计电算化等，同时还要拿到会计上岗证，才能从事会计这一职业。

（4）职业人员的社会活动方式正在发生根本性的变革。职业作为人们参与社会生活、从事社会活动、进行人生实践最主要的场所，从多方面决定了从业人员的特征和境遇。他们的社会活动方式在工作方式、组织方式和人际关系方面发生着根本性的变革。

第一，工作方式的变革。现代社会中，工作以项目为核心的发展趋势日益明显，由于城市化的发展使员工居住地方越来越分散，居家办公正在成为人们重要的工作方式。信息产业成为第四产业，从事信息行业的人数将逐渐超过从事传统服务业和制造业的人数，现代化的通信手段如电子邮件、网络会议的使用将成为人们工作联系的主要方式。

第二，组织方式的变革。较稳定的内部组织结构、可预期的活动计划、易于分割的流水线工作流程、易于分解的职能和责任范围是工业社会中组织的基本特征。而知识经济时代，职业结构将发生变革，越来越多的工作转变为对知识的加工而不是对物质的处理；传统的长期固定的工作正在被临时性工作、项目分包、专家咨询、交叉领域的合作所代替，生产方式呈现多元化态势。与其相适应的组织方式也正在发生变革，网络技术支持下的虚拟组织、交叉领域的团队组织，以及完成外包工作的工作小组都将成为现代社会的组织方式。

第三，人际关系的变革。伴随着组织方式的多元化及社会保障体系的完善，职业人员对组织的依赖性减弱，传统的固定组织中的人际关系被弱化。组织中群体间的思想、情感交流趋于表层，群体冲突和"办公室政治"相对弱化。人际沟通方式呈现多样化，但以网络技术和现代通信手段为主。非正式的组织迅速发展，以此来满足人们人际交往的需求。由工作项目支撑的或以合作交流为目的的非正式组织大多发展成为新的正式组织，职业人员因此有了第二、第三职业，这就使职业人员的人际关系更加广泛。

（5）职业模式趋于易变。标准、秩序、生产、规律性和效率是工业时代的典型特点。从业人员终身为一个组织工作，从事一个稳定的、长期固定的职业是工业时代有效的职业模式。而知识经济时代，职业模式趋于易变，具体表现在以下方面：

第一，从业多样化。现代社会，人们愈发清楚地认识到，科技发展的真正方向是"让工作走开"。从制造业开始，继而进入办公室，每天都有更多的工作被自动化了，很多职业正在衰退甚至消失。这就使职业本身的生命周期越来越短，人们一生从事一种职业的可能性在减少，职业人员必须在多个职业领域出入。

第二，就业自主化。随着企业掌握了越来越多的技术手段，工作就越来越不受时间和地点的束缚，终身依附一个组织的固定职业不断削减，不依赖组织的自由职业不断产生。人的就业自由选择权越来越得到承认和实现。政府通过法律、就业服务、失业救济或保险来对人们自由择业的基本权利加以保障。

第三，流动加速化。随着市场经济的不断深入，从业人员由全社会来整体配置，强调职业转换和职业流动，从业人员的职业空间大大扩展，职业趋于无边界。同时，个人寻求自身发展的动机和行为大大强化；在高度竞争条件下，用人单位人力资源优化配置的动机和行为也进一步加强，这从供给和需求两个方面使得社会职业的流动加速。

三、职业素质的特征及基本素质

职业素质是个人适应现代社会生产力发展，从事职业活动所必备的素质，包括从事任何职业都必须具备的基本职业素质和专业素质两个方面。大学生毕业后，面临的第一要务是如何做好自己的工作，胜任自己的工作，以及怎样在工作中实现自己的人生价值。

因此，对于职业素质的了解、形成和培养，就自然成为当代大学生所关注的问题之一。

（一）职业素质的特征

职业素质是指劳动者在一定的生理和心理条件的基础上，通过教育、劳动实践和自我修养等途径形成和发展起来的、在职业活动中发挥作用的一种基本品质，具体表现为职业道德、职业技能、职业情感、职业习惯等。职业素质具有以下特征：

第一，职业性。不同职业所需的职业素质是不同的。对建筑工人的素质要求不同于对护士职业的素质要求，对商业服务人员的素质要求不同于对教师职业的素质要求。

第二，稳定性。一个人的职业素质是在长期执业过程中日积月累形成的。它一旦形成，便具有相对的稳定性。

第三，内在性。职业从业人员在长期的职业活动中，经过自己学习、认识和亲身体验，体会到怎样做是对的，怎样做是不对的。这有意识地内化、积淀和升华的这一心理品质，就是职业素质的内在性。

第四，整体性。一个从业人员的职业素质与其整体素质密切相关。我们说某人的职业素质好，不仅指他的思想政治素质、职业道德素质好，而且还包括他的科学文化素质、专业技能素质，甚至还包括身体心理素质。一个从业人员的思想道德素质好，但科学文化素质、专业技能素质差，就不能说这个人的整体素质好；同样地，一个从业人员的科学文化素质、专业技能素质都不错，但思想道德素质比较差，也不能说这个人整体素质好。

第五，发展性。一个人的素质是通过受教育、自身社会实践和社会影响逐步形成的，它具有相对稳定性。但是，高速发展的社会对人们不断提出新的要求，人们为了更好地适应社会发展的需要，总是不断地提高自己的素质，所以，职业素质又具有发展性。

（二）职业基本素质

未来社会职业的流动性增强是一种必然，但是，不管未来社会职业流动的频率如何，任何职业对从业者的基本职业素质的要求是不变的。一般而言，基本职业素质主要包括以下方面的内容：

第一，优秀的道德品质。道德品质是社会道德现象在个体身上的反映，是一定的道德原则和道德规范在个体的思想和行为中的体现，是个体在实现其社会化过程中所表现出来的稳定的特征和倾向，优秀的道德品质是"作为一切社会关系的总和"的人所必须具备的素质。对从业者而言，不管将来要从事什么职业，优秀的道德品质必然是人生第一张"通行证"。

第二，扎实的专业技能。当一个人具备了优秀的道德品质之后，起决定作用的就是他的专业技能是否过硬。所谓专业技能，是指从事某一职业所必需的专业理论知识和实践操作能力，即一个人对其所学习的专业及非专业知识的掌握和应用程度。最基本的专业技能就是大学生所学专业的知识技能。例如，汉语言文学专业的学生应该具备较多的文学知识，能写得一手漂亮的文章；计算机专业的学生要对计算机的研究领域非常熟悉，自身也具有一定的开发潜能。此外，大学生在保证自己所学专业知识技能过硬的同时，还应该对自己专业领域外的知识有所了解，争取把自己塑造成为复合型人才。

第三，健康的身体素质。身体素质通常指人体肌肉活动的基本能力，是人体各器官系统的机能在工作中的综合反映。身体素质是其他各种素质赖以存在和发展的基础。在这个充满竞争的时代，人们要承受巨大的工作压力，经受长时间紧张工作的考验，或者忍受长途工作旅行的辛劳，这一切都要求从业者必须拥有充分的身体健康资源，否则将无力适应未来日子里艰苦的工作考验。

第四，良好的心理素质。心理素质是指一个人在心理过程和个性心理特征方面所表现出的本质特征。作为人整个精神活动的基础，心理素质渗透到人的一切行动中，影响和制约着人各方面素质的发展，因为人的一切言行实际上就是其心理活动不同程度的外在表现。在充满竞争意识的当代社会，各种职业对劳动者的心理素质越来越重视。因此，大学生在大学的学习生活期间，必须认真学习并通过各种途径接受心理素质方面的训练，通过改变自身的生理状态和心理状态，解决在认知、情感、人格等方面的问题，不断提高自身的心理素质。

第五，广泛的人际交往能力。人总是作为社会关系的总和而存在，人际交往是人类基本的社会性需求，无论是乐于交往还是惧怕交往，我们都不能避开它。对于绝大多数人而言，人际交往的成败在很大程度上决定着我们事业的成败。大学生必须改变过去传统的人际交往观念，加强个性品质修养，学习并掌握良好的人际交往艺术，从而培养自己健康的人际交往态度，增强自己的人际交往吸引力。

第六，强烈的竞争和创新意识。社会主义市场经济在将竞争机制引入各行各业的同时，也为人与人、企业与企业之间的公平竞争提供了条件。竞争机制的引入，既要求从业者有勇于获胜的胆识，也要求他们有敢于承担失败的勇气。因此，新时代的职业素质要求我们必须具有强烈的竞争意识，学会在竞争中求生存，在竞争中求发展。

世界经济的一体化趋势使"创新"成为一个国家和民族屹立于世界民族之林的灵魂，成为一个国家和民族生存和发展的不竭动力。社会主义现代化建设各项事业的兴旺发达，需要一大批具有开拓进取、勇于创新精神的创业者。当代大学生是未来中国特色社会主义事业的建设者和接班人，担负着实现祖国繁荣强盛的历史重任，必须具有强烈的竞争和创新意识，唯有如此，才能不辜负祖国和人民的殷切期望。

第七，一专多能的素质。在新技术革命的带动下，新工艺、新产品、新部门必然要求从业者适应不断更新的技术、设备，甚至是新的岗位，进行适应性流动。同时，社会主义市场经济体制的发展与完善，将引起社会经济各部门发生巨大的变化，要求新型人才不断适应市场发展的需要。这些情况的出现使得一专多能的复合型人才日益成为各行各业的优先选择。因此，面对社会发展给职业发展带来的新变化，大学生不管将来要从事何种职业，都要在认真学习本专业，即精通"一专"的基础上，努力扩展其他方面的知识和技能，实现"多能"。

第八，利用信息的能力。信息能力（包括信息采集、分析、存储、加工、运用、交流能力）是衡量国民素质高低的重要尺度之一，信息能力能够在一定程度上决定一个人的社会财富和社会地位。由于网络化的实现即通过网络来开发信息资源将成为主流，对信息的开发、占有、控制、使用逐渐成为未来社会各职业的核心。这样，信息人才及每个人的信息能力就显得格外重要。因此，当代大学生必须学习掌握计算机的基础知识和网络技术，以获取有关的信息，并在充分占有信息的基础上，不断加强自己识别信息、分析信息及利用信息的能力。唯有如此，才能在以后的工作岗位上不断创新、不断发展。

四、各类型职业的素质要求

生产力的发展及社会分工的不同，使得职业种类的发展日益呈现出多样化的趋势。尽管所有职业都有相同的基本职业素质要求，但随着职业发展的专业化，不同种类的职业对从业者的职业素质提出了不同的规范和要求。

（一）社会文化型职业的素质要求

社会文化型职业是指从事文化创作，为社会成员提供精神产品的职业，如文艺创作、服装设计、舞蹈设计和广告设计等职业。

1. 社会文化型职业的职业道德

（1）坚强的毅力和不屈不挠的精神。创作是社会文化型职业的生命，而且也是一个非常艰苦的过程，从材料的收集到艺术作品的完成，往往要作者多次不断地调整、修改。因此，从业者必须具备坚强的毅力和不屈不挠的精神，才能促使自己为社会创造出更多更好的作品。

（2）强烈的社会责任感。由于社会文化型职业内容的丰富性和广泛性，所以从业者承担的社会责任是多方面的，概括起来有两个方面的具体内容：①对社会公众的责任。主要表现在对自己创作的作品质量负责。作者必须以对社会、对公众负责任的高尚品德来从事这一职业，多给社会创造出激奋人心、催人向上的精神产品，不发表带有污秽、愚昧或反动内容的作品，给社会造成危害。②对国家和政府的责任。一些社会文化型的职业岗位涉及国家机密，关系到国家、政府在国内外的形象，有的甚至是代表国家和政府舆论的喉舌。因此，在这些岗位上的工作人员要怀着对国家、政府负责的高度责任感去面对工作，努力为国家和政府服务，使自己的工作与党和国家的方针、政策保持高度一致。

2. 社会文化型职业的职业能力

（1）敏锐的观察力。敏锐的观察力是从业者对周围事物有目的、有计划、有准备的一种知觉能力，它贯穿于作者每一次创作的全过程。只有具备这种观察力，从业者才能从平淡中看出新意，从险峻中看出平稳，从而形成自己独特的艺术风格。所以，敏锐的观察力是这一职业者的基本素质。

（2）丰富的想象力。创作是在以材料为基本的前提下，通过作者的思维和想象进行加工创造而形成的。想象力是艺术创作的原动力，保持丰富的想象力，就要保持与发展好奇心，提倡批判精神，因为创造性是社会文化型职业的特征。所以文化型职业者要真正取得艺术创作的成功，必须具备丰富的想象力。

（3）迅速吸收新思想的开放心态。艺术作品的价值主要体现在新颖性和独特性上。而作品的新颖性和独特性要求作者具有吸收新思想的开放心态，在继承传统艺术文化的基础上，通过吸收新的文化，丰富自己作品的内涵，从而形成自己独特的艺术风格。

（4）不断创新的精神和能力。在艺术创作过程中，创新的精神和能力是每一个成功的艺术家要具备的素质之一。唯有创新，才能使自己的艺术创作充满生机和活力，也只有这种精神，才能使自己独具慧眼，从变幻莫测的形势中发现和挖掘有价值的创作素材，然后，通过艺术加工使之成为符合时代发展需要的精神产品。

（5）特殊的气质和全神贯注的创作冲动。特殊的气质主要指创作者的个性心理、个人品质和个人风格。社会文化型职业的从业者要有独特的个性，特别是追求真善美的精神，要敢于从实际出发，打破旧的传统，革故鼎新。另外，在创作时，要集中精力，以全神贯注的创作冲动投入到创作的每一个环节，只有这样，才能创造出符合时代精神的艺术作品。

3. 社会文化型职业的知识结构

（1）了解、掌握美学知识。美学主要研究美感的本质，美感的产生和发展的一般规律，美感的心理形式、审美标准等基本问题。社会文化型职业的从业者要创造出合乎美的规律、合乎社会发展趋势的作品，就必须对美学有较多的了解，不仅要掌握美学的基础知识，还要从美学角度去从事创作活动，灵活地把美学知识运用到创作实践中去，只有这样才能按照美的规律生产出符合社会生活要求和人们审美要求的艺术作品。

（2）对主流文化的充分了解。主流文化体现着时代的风尚，显示出时代的思潮。社会文化型职业者创作的每一个艺术产品要与时代的发展同步，就必须在作品中体现时代发展的方向，反映时代的风貌，反之，作品就会囿于传统而无新意。

（二）技术应用型职业的素质要求

技术应用型职业主要是指从事技术应用与开发的职业。

1. 技术应用型职业的职业道德

（1）不辞劳苦、艰苦奋斗的创业精神。野外作业、劳碌奔波是技术应用型职业从业者要经常面对的工作状况，特别是工程类的技术应用型职业，风餐露宿更是习以为常。因此，这类职业必须锻造不辞劳苦、艰苦奋斗的创业精神，随时准备着同各种艰难环境做持久的斗争，只有具备了这种素质，方可称得上一名合格的技术人员。

（2）严肃认真、一丝不苟的工作态度。技术应用有严格科学的操作规范，来不得半点的纰漏和疏忽。从事这一职业，必须持严肃认真、一丝不苟的工作态度。工作中要按规定的操作程序认认真真去操作，既不能偷工减料，犯盲目冒进的错误；也不能急于求成，仓促了事，犯粗枝大叶的毛病。

（3）谦虚谨慎，能深入工作第一线，和同事密切合作，共同攻克技术难题。技术应用必须有丰富的实践经验，因此，从事这一职业必须谦虚谨慎，不懂或一知半解的事不能盲目地去做，要虚心学习，勤于向内行的专家、师傅请教。同时，要善于与同事合作，发扬

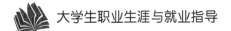

协作精神，共同攻克技术难题。

2. 技术应用型职业的职业能力

（1）勇于创新的精神及科技成果转化能力。技术应用型职业的从业者，要勇于创新，敢于创新，以创新求生存，以创新求发展。科技成果只有转化为生产成果，才能真正走向社会，服务社会。要使科技成果转化为生产成果，必须注重科技成果的社会实用性、生产的成本、操作工序的便捷性和投入生产的现实性等。从业者还要不断掌握现代化的研究手段，用它们来武装自己，高质量、高效率地开发高新技术产品，为社会服务。

（2）具有分析问题和解决问题的能力。在技术应用中难免会出现各种各样的新问题，面对这些问题，技术人员应保持冷静的头脑，查找问题和分析问题，运用逻辑思维进行深入思考，然后找出解决问题的办法。这是对一个技术人员最基本的要求。

（3）较强的图表运用、文字表达能力。在技术工作中，经常要进行图表设计，并配以文字说明，只有具备了这一方面的素质，从业者才能将自己的各项设计通过图表和文字体现出来。

3. 技术应用型职业的知识结构

（1）扎实的基础理论知识、专业知识和一定的相关知识。扎实的基础理论知识和专业知识是指导技术工作的重要基础，从业者必须具备过硬的理论基础和专业知识。对于这些知识，从业者只是掌握还不够，还必须熟能生巧、融会贯通。另外，技术人员还要掌握一些与本专业相关的知识，促进技术在各个领域的发展。

（2）有较强的外语水平，能够迅速掌握本学科最新的技术动向。外语是技术应用型职业者必须攻克的一门外语，掌握好外语，就可以吸收国外先进的技术，迅速把握本行业的国际动向，促使自己向国际先进技术水平看齐。同时也有利于将自己所从事的专业引向国际化轨道，保持本行业的先进性。

（3）具有很强的计算机应用能力。计算机是技术人员强有力的工作工具，如图表的设计、文字的输入等，通过计算机处理，不仅可以省时省力，而且方便快捷，达到事半功倍的效果。因此，作为一名技术人员，必须要具有很强的计算机应用能力，只有这样，才能很好地开展本职工作。

（三）经济管理型职业的素质要求

经济管理型职业是指专门从事经济管理活动的职业。

1. 经济管理型职业的职业道德

（1）高尚的职业修养。要掌握马克思主义理论，具有为实现我国社会主义现代化和中华民族伟大复兴而奋斗的献身精神。在对外经济交往中，要维护国家和人民的利益，奉公守法、不谋私利，自觉遵守社会公德。

（2）强烈的金融责任意识。经济与金融密不可分，从事经济管理的人员必须具有强烈的金融责任意识，在日常的经济活动中，要保证不违反国家的金融法规和国际金融惯例，保证经济活动沿着健康、正确、有效的轨道运行，为国家的经济发展做贡献。

（3）严格保守金融、商业机密。这是经济管理型职业基本的道德规范。经济管理是一项综合性很强的工作，它涵盖了金融、财政、企业生产经营等各个方面，从业者掌握着这些方面的信息，包括一些机密内容，除非获得授权，否则，这些机密是不可外泄的。因此，经济管理人员必须严格保守金融、商业机密，守口如瓶。

2. 经济管理型职业的职业能力

（1）迅速捕捉最新信息的能力。经济预测的准确性、战略设计与策划的正确性都与一个经济管理人员能否迅速捕捉、处理、分析、运用信息密切相关。所以，一个优秀的经济管理人员必须具有收集、处理、分析信息的基本技能，能迅速捕捉来自社会各方面的信息，以获得感知，进而形成理性思维，为预测、决策提供科学依据。

（2）良好的人际关系协调能力。人际关系是社会交往的联结点，是交流信息的重要途径，是联结公众感情的桥梁和纽带，经济管理工作中的许多问题都是通过人际关系来解决的。所以，经济管理人员必须具有良好的人际关系能力，以便联络各方面的感情，获取信息和求得多方关心与支持。

（3）熟练的业务处理技能。从事经济管理活动的人员每天都要处理大量的事务，对这些事务的处理要求既快又准，不然稍一疏忽，就会酿成大错。因此，经济管理人员必须具有熟练的业务处理技能，只有具备了这一素质，才能灵活地处理好日常业务，成为一名合格的管理人员。

（4）较强的社会实践能力、市场开发能力。社会实践活动是经济管理工作的一个重要环节，业务拓展、市场开发都要在社会实践中进行，社会实践能力的强弱直接体现出一个经济管理工作者工作能力的强弱。另外，经济管理活动要求管理人员要懂得开发市场，懂得市场分析和预测，因此，一个经济管理人员必须具备很强的社会实践能力、市场开发能力。

（5）预测与决策能力。一个优秀的经济管理者，首先必须是一个正确的决策者，应具备对科学技术进步与发展趋势的敏锐的洞察力，对经济发展走势及周期具有科学、准确的判断力，在此基础上，要敢于、善于做出正确的决策或合理调整决策，保持决策与经济发展过程的动态协调。

（6）战略设计与策划能力。未来社会经济管理者的策划能力应远远强于台前发号施令

的能力，设计出具有预见性的、适宜变革创新的发展规划，使经济管理者由发号施令的"司令官"向目光敏锐的预测家转变。

3. 经济管理型职业的知识结构

（1）坚实的专业知识，用以确保分析判断的准确性。经济管理人员的专业知识主要有经济学、经济管理学、应用经济学等相关经济科学，哲学、社会学、心理学、公共关系学等相关人文社会科学，科技发展动态、发展趋向及自然环境、生态等相关自然科学。对于这些知识，要学会应用辩证分析、实证分析、均衡分析、总量与个量、动态与静态及熟悉建立模型等经济学的方法，以确保分析判断的准确性。

（2）极强的外语水平，能够迅速掌握最新的世界经济动态。经济管理者要熟悉、掌握一门或多门外语。在经济全球化的今天，熟练地掌握外语，有利于掌握西方经济学、国际经济法和现代经济管理的知识及技能，便于了解他国的经济文化和经济动态，把握世界最新的经济动向，从而在改革开放的经济环境下，能立足国内、面向国外，参与激烈的国际竞争。

（3）极强的计算机应用能力。经济管理者处理日常业务需要经常运用计算机，以提高办事效率，加快经济运转速度；掌握和了解各类信息需要运用计算机，通过计算机登录互联网，可以了解到各类经济信息，为日常的经济预测、经济分析和制定经济发展战略、经济发展计划提供依据，便于管理者迅速进行决策。

（四）科学研究型职业的素质要求

科学研究型职业是指对基础理论、信息情报、学科应用技术等的研究、调查、分析及实验等工作，包括自然科学研究和社会科学研究两大类。

1. 科学研究型职业的职业道德

（1）热爱专业，对科学有着浓厚的兴趣。科学研究人员要热爱本职专业，对从事科学研究有着浓厚的兴趣，要做到这一点，必须对科学研究工作有一个全面的认识，要从世界观、价值观的高度认识科学研究对人类社会发展的重要性，把科学研究视为自己的生命，热爱科学，献身科学。只有这样，才能激励自己在科学研究工作中不断地去探索和实践，不断地实现自己的人生价值。

（2）勤于实践，刻苦钻研，不畏艰辛，不计较名利。坚实的科研功底来自科研工作者的日常实践，来自平时不畏艰辛、勤勤恳恳地创造。因此，作为一名科研工作者，必须务实、勤奋、淡泊名利、乐于奉献，只有在科学研究中勤于实践、刻苦钻研、不畏艰辛，才能在这一领域中有所作为。

（3）具有高度的协作精神，在科研攻关中善于与人协作。当今时代是合作的时代，要想在科研工作中卓有建树，必须学会与他人合作，单枪匹马是难以有所突破的。要善于与他人合作，群策群力，利用集体的智慧，才能攻破道道难题。因此，科研工作者不能忽视自身协作能力的培养，要乐于合作，善于协调，达到优势互补，产生合力。

2. 科学研究型职业的职业能力

（1）较强的创造力。独立思考，善于想象和求异，这是发现新问题的重要起点。科研工作要求从业者必须具有较强的想象力和创造力，同时还要养成独立思考的习惯，只有这样，才能发现新知，才能在科学技术上有所建树，为科研工作做出应有的贡献。

（2）有较强的调查研究能力，善于收集信息，注重资料积累和经验总结。科研工作者必须要学会调查研究，通过调查研究来确定科研课题，发掘、搜集科技信息后加以分析估计，以便发现关于研究课题的信息，同时在调查研究中，可以不断积累各种资料，总结经验，以便为下一步的科研工作打好基础。

（3）具有较强的抽象思维和逻辑推理能力。科学理论的形成和发展遵循这么一个公式：问题—假说—理论。从事科研工作的人员，只有具备较强的抽象思维和逻辑推理能力，才能激发自己去观察、去实践，然后根据观察和实践的结果提出科学的假设，假设经过实践证明，才能上升为科学理论。

（4）社会科学研究者还应具备社会活动能力、语言文字表达能力、理解判断能力。社会科学研究需要深入社会、了解社会，从事此职业的研究人员，必须具备社会活动能力，通过与人沟通来收集信息。这就要求从业者具备一定的语言文字表达能力，不仅能在公众集会上演说，而且还要善于面对面地进行沟通、交流，同时还要具备很好的理解判断能力，以便从别人的举止、言行、谈吐及社会的一些现状中发现问题。

（5）高度的综合能力。现代科学技术的综合发展趋势要求科研工作人员必须具有较高的综合能力。科研工作人员只有具备了这种素质，才能在科学上有所发现，在技术上有所创造。缺乏综合能力，就不能建立起生物化学、生物物理、仿生学、环境科学、生态学、未来学等中间科学体系，也就不能建立起系统论、控制论这种横断科学体系。因此，科研工作人员要想有所发明创造，就必须加强自身综合能力的培养，在科学上做出自己应有的贡献。

横断科学又称交叉科学，是在概括和综合多门学科的基础上形成的一类学科。它不是以客观世界的某种物质结构及其运动形式为研究对象，而是从许多物质结构及其运动形式中抽出某一特定的共同方面作为研究对象，其研究对象横贯多个领域甚至一切领域。

3. 科学研究型职业的知识结构

（1）精通本学科的基础知识和专业知识。科研工作人员应具备以创造力为核心的知识结构，具体来说，要具备宽厚扎实的基础知识和精深的专业知识，既要有专长又要有博见，达到专长与博见的有效结合。

（2）精通外语和计算机。科研工作需要查阅大量资料，特别是外语资料，同时因工作需要，还要出国考察、进行学术交流。这就要求科研工作人员精通一门或多门外语，以便直接学习和吸收外国先进的科学技术，使本国的科研工作与国际接轨。另外，科研人员还要具备一定的计算机应用能力，通过使用计算机提高自己的工作效率。

（3）懂得与本专业相邻学科的基础知识。当代科学技术的发展呈现出一个明显的特点：学科既高度分化，又高度综合、整体化。学科之间的界线在逐步消失，大量的边缘学科、横向学科等新兴学科不断涌现，学科之间的有机联系日益加强，使得自然科学和社会科学之间的相互渗透与结合日益紧密。学科相邻之处，往往是新学科的增长点。

（4）具备一定的哲学知识基础。哲学是人类智慧的结晶，是指导一切工作的理论工具。作为一个优秀的科研工作者，要站在哲学的高度去从事本职工作，运用科学的世界观与方法论、唯物辩证自然观、辩证唯物认识论、唯物历史观等哲学的观点去指导科研工作。只有这样，才能使科研人员做到实事求是，一切从实际出发，从而保证工作不脱离实际。

（五）行政管理型职业的素质要求

行政管理型职业是指在党政机关或者企事业单位中的行政部门从事组织、决策、管理等活动的职业。

1. 行政管理型职业的职业道德

（1）坚定的政治立场。行政管理型职业要求从业者具有远大的共产主义理想，坚持正确的政治方向，坚持走中国特色社会主义道路，坚持贯彻执行党的各项方针、政策，践行全心全意为人民服务的宗旨，密切联系群众，坚决维护人民群众的利益。

（2）严明的组织纪律性。要坚持原则，严于律己，敢于和善于同各种错误的思潮、腐败的行为做斗争。要知法、守法、用法，服从组织领导。任何时候都要在政治上、思想上、行动上与中国共产党的组织保持高度一致。

（3）高度的事业心和责任感。事业心和责任感是一个行政管理工作人员的世界观和人生观的反映。只有树立正确的世界观和人生观，才能踏踏实实地投入行政工作，才有开创工作新局面的信心和决心；才能对工作一丝不苟，精益求精；才能甘于寂寞，甘于清贫，全心全意为人民服务。

（4）大局意识。心系大局、服从大局是行政管理工作的基本要求和基本素质。大局意识，就是要看得长远，不计眼前得失，从而得到最广最多最长远的利益。

（5）奉献精神。行政管理工作一是服务，二是管理，工作随机性强，突发事件多，小则会占去许多个人时间，大则甚至会牺牲个人的利益。所以，事业心、责任感、进取心和无私奉献的精神是一个合格的行政工作者所必备的。

（6）敬业精神。行政管理人员要干一行，爱一行，钻一行，精一行。只有热爱行政事业，勇于探索和不懈追求的人，才有可能获得事业的成功。

2. 行政管理型职业的职业能力

（1）筹划能力。行政管理人员要有战略头脑，有深谋远虑、运筹全局、当机立断的能力，能及时做出科学判断，做出有针对性的决策。筹划和决断不是头脑一热就拍板，而是靠平时对情况的深入了解、经验的积累和决策能力的提高。

（2）组织协调能力。行政组织往往由一些职能部门组成，各职能部门相互的工作又往往都是要通过协调加以解决。行政组织的各种会议和各类活动，都有赖于行政管理人员进行组织协调。行政管理人员的组织协调能力在自己的工作范围内体现为充分发挥各方面的作用，调动各方面的积极性，形成配合默契、步调一致的行动。

（3）社交能力。社交能力是进行交往、联络公众的能力，它是组织实现行政管理目标的一种必备条件，是创造良好人际环境的重要手段，也是行政管理工作者广结善缘，争取公众理解、支持的基本条件。社交能力是人的性格、学识、口才、阅历、经验等多种因素的综合反映。善于交友，能建立广泛的工作关系，扩展自己的各类活动范围，形成有机合作的整体。而争取公众理解和支持，为解决问题与外界交涉，与各类人士接触，积极开展互助等活动也都离不开行政管理人员良好的社交能力。

（4）随机应变能力。在行政管理中，许多工作内容具有随机性，常常出现变量和未知数。这就要求行政管理者在工作中一定要机警、灵敏，有随时可以应付一切突发事件的应变能力；能够根据不同的场合，调节具体的行政管理策略和措施，及时提出解决问题的方案，从而达到行政管理活动的目标。

（5）开拓创新能力。创新是行政管理工作的灵魂，是行政事业进步和发展的不竭动力。行政工作的实践没有止境，创新也没有止境。在改革开放和现代化建设快速发展的今天，行政工作者只有不断接受新事物、新理念，与时俱进，开拓创新，才能求得行政管理工作的不断发展。

（6）信息管理能力。行政管理所有的工作都是在对信息分析的基础上进行的。一个行政管理机构宣布成立之时，就是它开始大量收集和处理信息之日。现代化的行政管理是通过计算机来储存和处理信息的，行政工作人员必须会使用计算机、会利用互联网，才能与时俱进，适应工作要求。

3. 行政管理型职业的知识结构

（1）较高的理论修养。行政管理工作要求从业者认真学习和掌握党的基本理论，努力学习行政管理工作方面的知识。学习中要联系实际，不断总结工作经验，增强工作本领，提高工作水平，创造一流的工作业绩。

（2）广博的知识面。行政管理工作的综合性要求行政管理工作者知识多样化。首先，应掌握一些社会科学知识，如社会学、心理学、民俗学、伦理学、公共关系学、市场学、会计学和外语等；其次，要有一定的管理科学知识；再次，要有良好的法律意识和法律知识。

（3）丰富的工作经验。行政管理工作要求从业者不仅要有扎实的理论水平，还要有丰富的相关工作经验。行政管理工作没有固定的模式和程序，它必须根据实际工作需要，灵活地采用新的形式去实施活动。这就要求管理者有很高的职业水准，并不断地在实践中提高自己的职业水平。

（六）公共服务型职业的素质要求

公共服务型职业是为社会公众的生活、为社会生活的正常运行提供基本服务的职业，其中包括救死扶伤、提供公共服务、协调人际关系、为人们提供生活便利等方面的工作。

1. 公共服务型职业的职业道德

（1）强烈的服务意识。从事这一职业的工作者，必须准确地把握服务的定位，具有较强的服务意识，以服务为己任，多方面学习服务技能。

（2）高度的事业心和责任感。从事公共服务型职业，必须以服务社会、服务大众为自己的人生价值取向，有了这样的职业价值观，才能在工作中不怕苦、不怕累，以勇于献身的精神和艰苦奋斗的作风去完成自己的每一项工作。

2. 公共服务型职业的职业能力

（1）较强的理解能力、社会活动能力和组织协调能力。公共服务型职业的服务对象是社会公众，要为社会公众提供优质服务，就要去关心、理解和帮助他们，这样才能走进公众的心中，为他们提供满意的服务。因此，公共服务型职业从业者必须具有较强的理解能力、社会活动能力和组织协调能力，具备了这些能力，才能更好地了解人们的需要，从而把握服务的方向，把服务引向深入，才能组织协调好社会各方面的关系，促进工作的顺利开展。

（2）良好的语言表达能力和自我形象设计能力。公共服务型职业从业者经常要在各种社交场合亮相，因此，从业者必须具有很好的语言表达能力，能巧妙地表达自己的意见和建议，甚至通过语言艺术来吸引别人、说服别人。另外，公共服务型职业从业者还必须具有自我形象设计能力，向社会公众示以高雅的气质、开朗的性格、端庄的仪表、文明的举止和文雅的谈吐，只有这样，才能赢得公众的支持理解和帮助，顺利推动工作的开展。

3. 公共服务型职业的知识结构

（1）扎实的专业基础知识及一定的相关知识。公共服务型职业是一门专业化程度很高的职业，除了具备扎实的专业知识，掌握实用性很强的知识和技能，还必须具备一定的相关知识，有助于从业者在更广阔的社会生活领域施展自己的才华。

（2）较高的外语水平和计算机应用能力。公共服务型职业人员的服务对象不仅有本国公民，也有各国的贵宾。为能给外国来宾提供满意、优质的服务，从业者必须有较高的外语水平，能用外语同外宾沟通交流。

同时，为了有效收集信息的效率和实现办公现代化，公共服务型职业从业者还必须具备较强的计算机应用能力，以提高办事水平和服务效率。

第二节　职业生涯规划的基本理论

一、帕森斯的特质因素理论

帕森斯的特质因素理论又称人职匹配理论，该理论是最早的职业辅导理论，是由美国波士顿大学教授弗兰克·帕森斯提出的。"特质"是指个人的人格特征，包括能力倾向、兴趣、价值观和人格等，这些都可以通过心理测量工具来加以评量；"因素"则是指在工作上要取得成功所必须具备的条件或资格，这可以通过对工作的分析而了解。每个人都有自己独特的人格模式，每种人格模式的个人都有其相适应的职业类型。

特质因素理论将选择职业的过程分为以下三步：

第一步，评价求职者的生理和心理特点。通过心理测量及其他测评手段获得求职者的身体状况、能力倾向、兴趣爱好、气质与性格等方面的个人资料，并通过会谈、调查等方法获得求职者的家庭背景、学业成绩、工作经历等情况，并对这些资料进行评价。

第二步，分析各种职业对人的要求，并向求职者提供有关的职业信息，包括：职业的性质、工资待遇、工作条件，以及求职的最低条件（如学历要求、能力要求、身体要求）等。

第三步，人职匹配。在了解求职者的特性和职业的各项指标的基础上，选择一种适合

个人特点又有可能得到并能在职业上取得成功的职业。

二、霍兰德的职业兴趣理论

职业兴趣理论是由美国大学心理学教授约翰·霍兰德提出的。职业兴趣理论认为，认为人的人格类型、兴趣与职业密切相关，兴趣是人们活动的巨大动力，凡是具有职业兴趣的职业，都可以提高人们的积极性，促使人们积极地、愉快地从事该职业，且职业兴趣与人格之间存在很高的相关性。霍兰德认为人格可分为社会型、企业型、常规型、现实型、研究型和艺术型6种类型。

（一）社会型（S）

社会型人格的共同特征：喜欢与人交往、不断结交新朋友、善言谈、愿意教导别人。关心社会问题、渴望发挥自己的社会作用。寻求广泛的人际关系，比较看重社会义务和社会道德。

社会型人格的典型职业：喜欢要求与人打交道的工作，能够不断结交新朋友，从事提供信息、启迪、帮助、培训、开发或治疗等事务，并具备相应能力。如：教育工作者（教师、教育行政人员）、社会工作者（咨询人员、公关人员）。

（二）企业型（E）

企业型人格的共同特征：追求权力、权威和物质财富，具有领导才能。喜欢竞争，敢冒风险，有野心、抱负。为人务实，习惯以利益得失、权力、地位、金钱等来衡量做事的价值，做事有较强的目的性。

企业型人格的典型职业：喜欢要求具备经营、管理、劝服、监督和领导才能，以实现机构、政治、社会及经济目标的工作，并具备相应的能力。如：项目经理、销售人员、营销管理人员、政府官员、企业领导、法官、律师。

（三）常规型（C）

常规型人格的共同特征：尊重权威和规章制度，喜欢按计划办事，细心、有条理，习惯接受他人的指挥和领导，自己不谋求领导职务。喜欢关注实际和细节情况，通常较为谨慎和保守，缺乏创造性，不喜欢冒险和竞争，富有自我牺牲精神。

常规型人格的典型职业：喜欢要求注意细节、精确度，有系统有条理，具有记录、归档、根据特定要求或程序组织数据和文字信息的职业，并具备相应能力。如：秘书、办公室人员、记事员、会计、行政助理、图书馆管理员、出纳员、打字员、投资分析员。

（四）现实型（R）

现实型人格的共同特征：愿意使用工具从事操作性工作，动手能力强，做事手脚灵活，动作协调。偏好于具体任务，不善言辞，做事保守，较为谦虚。缺乏社交能力，通常喜欢独立做事。

现实型人格的典型职业：喜欢使用工具、机器，需要基本操作技能的工作。对要求具备机械方面才能、体力或从事与物件、机器、工具、运动器材、植物、动物相关的职业有兴趣，并具备相应能力。如：技术性职业（计算机硬件人员、摄影师、制图员、机械装配人员）、技能性职业（木匠、厨师、技术人员、修理人员、一般劳动）。

（五）研究型（I）

研究型人格的共同特征：思想家而非实干家，抽象思维能力强，求知欲强，肯动脑，善思考，不愿动手。喜欢独立的和富有创造性的工作。知识渊博，有学识才能，不善于领导他人。考虑问题理性，做事喜欢精确，喜欢逻辑分析和推理，不断探讨未知的领域。

研究型人格的典型职业：喜欢智力的、抽象的、分析的、独立的定向任务，要求具备智力或分析才能，并将其用于观察、估测、衡量、形成理论、最终解决问题的工作，并具备相应的能力。如：科学研究人员、教师、工程师、电脑编程人员、医生、系统分析员。

（六）艺术型（A）

艺术型人格的共同特征：有创造力，乐于创造新颖、与众不同的成果，渴望表现自己的个性，实现自身的价值。做事理想化，追求完美，不切实际。具有一定的艺术才能和个性。善于表达怀旧，心态较为复杂。

艺术型人格的典型职业：喜欢的工作要求具备艺术修养、创造力、表达能力和直觉，并将其用于语言、行为、声音、颜色和形式的审美、思索和感受，具备相应的能力。不善于事务性工作。如：艺术方面（演员、导演、艺术设计师、雕刻家、建筑师、摄影家、广告制作人）、音乐方面（歌唱家、作曲家、乐队指挥）、文学方面（小说家、诗人、剧作家）。

人们通常倾向选择与自我兴趣类型匹配的职业环境，如具有现实型兴趣的人希望在现实型的职业环境中工作，可以最好地发挥个人潜能。而在职业选择中，个体并非一定要选择与自己兴趣完全对应的职业环境，原因包括：①因为个体本身常是多种兴趣类型的综合体，单一类型显著突出的情况不多。因而评价个体的兴趣类型时，也时常以其在六大类型中得分居前三位的类型组合而成，组合时根据分数的高低依次排列字母，构成其兴趣组型，如 RCA、AIS 等；②因为影响职业选择的因素是多方面的，不完全依据兴趣类型，还要参照社会的职业需求及获得职业的现实可能性。因此，选择职业时会不断妥协，寻求与相邻职业环境，甚至相隔职业环境，在这种环境中，个体需要逐渐适应工作环境。但是，如果个体寻找的是相对的职业环境，则意味着所进入的是与自我兴趣完全不同的职业环境，那么，我们工作起来可能难以适应，或者难以在工作时感到快乐，相反，甚至可能会每天工作得很痛苦。

三、金斯伯格的职业生涯发展理论

金斯伯格是美国著名的职业指导专家和职业生涯发展理论的先驱及代表人物，他研究的重点是从童年到青少年阶段的职业心理发展过程。他将职业生涯的发展分为幻想期、尝试期和现实期三个阶段。

第一，幻想期（11 岁之前）。处于 11 岁之前的儿童对他们所看到或接触到的各类职业（如教师、军人、演员甚至动物园管理员等）都充满了好奇和向往，幻想着长大做他们那样的人、干他们所干的工作，甚至在装扮、语言和行为上进行模仿。幻想期职业需求的特点是：单凭自己的兴趣爱好选择职业，不考虑自身的条件、能力水平、社会需要与机遇，完全处于幻想之中。

第二，尝试期（11~17 岁）。尝试期是接受中等教育，由少年向青年过渡的时期。在这一时期，人的心理和生理均在迅速成长、发育和变化，逐渐出现了独立的意识，产生了基本的价值观，知识逐步累积，能力显著增强，初步获得了社会生活经验。尝试期职业需求的特点是：注意自己的职业兴趣，开始客观地审视自身各方面的条件、能力和价值观，开始注意各种职业的社会地位，以及社会对该职业的需要。

第三，现实期（17 岁以后）。现实期的人们完成了中等教育，有一部分人即将步入社会劳动，此时他们能够客观地把自己的职业愿望或要求同自己的主观条件、能力以及社会现实的职业需要密切联系和协调起来，寻找适合自己的职业角色。现实期职业需求的特点是：已有具体的、现实的职业目标，讲求实际。

四、舒伯的生涯发展理论

舒伯把生涯发展看成一个持续渐进的过程，由童年时代开始一直伴随个人的一生。舒伯的生涯发展理论将生涯的过程分为成长阶段（0~14 岁）、探索阶段（15~24 岁）、建立阶段（25~44 岁）、维持阶段（45~65 岁）和衰退阶段（65 岁以上）五个阶段，而生涯发展的过程在每个阶段都有其独特的职责和角色，以及不同的发展任务，且前一阶段发展任务的完成情况会影响下一阶段的发展。持家者、公民、休闲者、学生、子女、配偶、退休者等角色和工作者的角色都是一个人自我概念的具体表现。所谓"自我概念"，就是指个人对自己的兴趣、能力、价值观及人格特征等方面的认识和主观评价。一个人的自我概念在青春期以前就开始形成，至青春期较为明朗，并于成人期由自我概念转化为生涯概念。工作与生活满意的程度，有赖于个人能否在工作上、职场中，以及生活形态上找到展现自我的机会。

五、施恩的职业锚理论

职业锚理论是由美国著名的就业指导专家埃德加·施恩教授提出的。职业生涯规划是一个持续不断的探索过程，随着一个人对自己越来越了解，这个人就会越来越明显地形成一个占主要地位的"职业锚"。这个所谓的"职业锚"是指当一个人不得不做出选择的时候，无论如何都不会放弃的职业中的那种至关重要的东西或价值观，即人们选择和发展职业时所围绕的中心。"职业锚能准确地反映个人的职业需要及个人追求的职业工作环境，能帮助个人找到合适的职业种类和领域，认识自己的抱负模式，确定自己的职业成功标准。"①

职业锚可分为以下八种类型：

第一，技术/职能型：拥有这种职业锚的人追求在技术/职能领域的成长和技能的不断提高，以及应用这种技术/职能的机会。他们喜欢面对来自专业领域的挑战，但不喜欢从事一般的管理工作，因为这将意味着他们放弃在技术/职能领域的成就。

第二，管理型：拥有这种职业锚的人追求并致力于工作晋升，倾心于全面管理，可以跨部门整合其他人的努力成果，他们想去承担整个部分的责任，并将公司的成功与否看成自己的工作。

第三，自主/独立型：拥有这种职业锚的人希望随心所欲地安排自己的工作方式、工作习惯和生活方式。追求能施展个人能力的工作环境，最大限度地摆脱组织的限制和制约。他们宁愿放弃晋升机会，也不愿意放弃自由与独立。

第四，安全/稳定型：拥有这种职业锚的人追求工作中的安全与稳定感，但并不关心具体的职位和具体的工作内容。

---

①刘宏，钱永胜，张勇. 大学生职业生涯规划［M］. 北京：中国传媒大学出版社，2018：13.

第五，创业型：拥有这种职业锚的人希望依靠自己的能力去创建属于自己的公司或创建完全属于自己的产品（或服务），而且愿意冒险，并克服面临的困难。他们可能正在别人的公司工作，但同时他们也在不断评估将来的机会，一旦他们感觉时机到了，便会自己走出去创建自己的事业。

第六，服务型：拥有这种职业锚的人一直追求他们认可的核心价值，如帮助他人、改善工作环境等。

第七，挑战型：拥有这种职业锚的人喜欢解决看上去无法解决的问题，战胜强硬的对手，克服无法克服的困难等。对他们而言，参加工作或职业的原因是工作允许他们去战胜各种不可能。

第八，生活型：拥有这种职业锚的人希望将生活的各个主要方面整合为一个整体。正因为如此，他们需要一个能够提供足够的弹性让他们实现这一目标的职业环境。

第三节　职业生涯规划及影响因素

一、职业生涯的发展阶段

"职业生涯主要是指一个人一生在职业岗位上所度过的、与工作活动相关的连续经历。职业生涯是一个动态的发展过程，它反映了职业选择、职位变动、个人职业理想得以实现的整个过程。"①

职业生涯是一个发展的概念，是一个动态的过程。它不仅包括一个人的过去、现在和未来中那些可以实际观察或预见到的、连续从事的职业发展过程，还包括个人对职业生涯发展的见解和期望。职业生涯是一个漫长的过程，可以遵循传统观念，一生只从事一种职业，持续而稳定地在岗位上晋升、增值；也可以根据个人的兴趣、能力、价值观及工作环境的变化而经历不同的岗位、职业甚至行业。

每个人的职业生涯都会经历不同的阶段，正确地认识职业生涯发展规律及自己所处的发展阶段，对制订有效的职业生涯规划是非常重要的。一般认为，职业生涯可分为以下六个阶段：

第一，职业准备阶段。职业准备阶段一般从 14～15 岁开始，延续到 18～22 岁。这是一个人就业前学习专业、职业知识和技能的时期，也是一个人素质形成的主要时期。每一

---

①李金亮，杨芳，周欣．大学生职业生涯规划［M］．长沙：湖南教育出版社，2019：4.

个择业者都有着选择一份理想职业的愿望和要求，都想经过充分的准备，能够很快地找到自己理想的职业，顺利地进入职业角色。但实际上，在职业生涯准备阶段，许多人是盲目的，甚至是由家长或老师代替选择的。

第二，职业选择阶段。职业选择阶段一般集中在 17~30 岁。这是一个人从学校走上工作岗位，在职业准备的基础上选择职业的时期，也是由潜在的劳动者变为现实的劳动者的关键时期。在这一阶段，人们要根据实际需要和自己本身的素质及愿望做出职业选择，这是人生职业生涯的关键一步。职业选择不仅仅是择业者择业的过程，也是社会挑选劳动者的过程，直到个人与社会成功结合、相互认可，职业选择才算结束。

第三，职业适应阶段。职业适应阶段一般在就业后的 1~2 年。这一阶段是对一个人走上工作岗位的职业能力的实际检验。择业者刚刚踏上职业岗位，必然有一个适应的过程。要完成从一个择业者到职业工作者的角色转变，就要尽快适应新的角色，适应新的工作环境、工作方式。具备工作岗位要求素质的人，就能够顺利适应某一职业；而自身的职业能力、人格特点等素质与工作岗位要求差距较大的人，则难以与职业要求相适应，也可能重新对职业进行选择。

第四，职业稳定阶段。职业稳定阶段一般从 20~30 岁开始，延续到 40~50 岁。这一时期是人的职业生涯的主体，也是成就事业和获得社会地位的关键时期。这一阶段可能发展稳定并取得阶段成功，但也可能遭遇发展瓶颈，面临中年危机等。对于大部分人来说，这一阶段应该致力于某一领域的深入稳定发展，以求得升迁和能力的专精。如果从业者的素质能够得到发展和提高，就可能抓住机会逐步取得成果，成为某一领域出色的人才，获得职业生涯的成功。

第五，职业衰退阶段。职业衰退阶段一般从 45~50 岁开始，延续到 55~60 岁。这一阶段，人们开始步入老年。一般来说，这一阶段上升的空间已经很小，应该规划退休及退休后的目标转移方案。

第六，职业结束阶段。职业结束阶段一般是指 60 岁以后。这一阶段，人们由于年龄或身体状况等其他原因，逐渐丧失职业能力和职业兴趣，随着退休结束职业生涯。

二、职业生涯规划的类型及意义

职业生涯规划是指个人结合自身情况和客观因素，为自己确立职业方向、职业目标，选择职业道路，确定教育计划、发展计划，为实现职业生涯目标而确定行动时间和行动。

职业生涯规划包括两个层次的问题：一个是生涯角色间和生涯形态的规划，是在时间和空间的向度下，如何来组合各种角色；另一个是生涯角色内和生涯目标的问题，是在各个角色中，要追求哪些职务或实现哪些目标。职业生涯规划的这两个问题并不是独立的，而是相互联系的，通过对这两个层次问题的思考和规划，能够寻求满足我们生涯需求、实现我们人生价值的途径。

（一）职业生涯规划的类型

按照规划的时间维度，职业生涯规划可分为短期规划、中期规划、长期规划和人生规划四种类型。

第一，短期规划：即两年以内的规划，主要是确定近期目标。

第二，中期规划：一般为 2~5 年内的职业目标和任务，是最常用的一种职业生涯规划。

第三，长期规划：即 5~10 年的规划，主要是设定较长远的目标，以及为实现此目标应采取的具体措施。

第四，人生规划：即整个职业生涯的规划，时间长达 40 年左右，主要是设定整个人生的发展目标和阶梯。

从字面上看，个人职业生涯规划从短期到中期，再到长期，直至整个人生规划，如同台阶一步步地发展。但在实际操作中，跨度时间太长的规划往往由于环境和个人自身的变化难以把握，而时间跨度太短的规划意义又不大，所以，一般人们把个人职业生涯规划的重点放在 2~5 年的中期规划，这样既便于根据实际情况设定可行目标，又便于随时根据现实的反馈进行修正或调整。

（二）职业生涯规划的意义

"面对未来的职业生涯，大学为大学生提供了一个过渡阶段。在这个过渡阶段，大学生需要克服自我生理发展的躁动和迷茫，树立全新的职业理念，进行职业尝试，规划自我的职业生涯。"[①]

第一，职业生涯规划能够帮助个人确定职业发展的目标和方向。职业生涯规划可以帮助个人对自我进行全面的分析，从而认识自己，了解自己的特点和兴趣，评估自己的能力、优势和不足。在设计和规划职业生涯的过程中，通过对客观环境的分析，可以明确自我职业发展的方向，正确选择职业目标，并运用适当的方法，采取有效的措施，克服职业生涯发展中的困难，使自己的才能得到充分发挥，从而获得事业上的成功，实现人生的理想。

---

①王炼，苏斌. 大学生职业生涯规划［M］. 成都：四川大学出版社，2018：6.

第二，职业生涯规划能够促进个人努力工作。职业生涯规划一方面让个人明确了努力的目标，另一方面也是不断督促个人努力：工作的鞭策力。职业生涯规划就像给自己树立了一个明确的标靶，唯有目标明确才能奋勇直进。随着这些规划内容逐步实现，又增强了自信心和成就感，并进一步促使自己向新的目标前进。制订和实现职业生涯规划就好像一场比赛，随着时间的推移，一步一步地实现所制订的规划，自己的思想方式和工作方式又会不断地完善和发展。

第三，职业生涯规划有助于合理安排日常工作。制订职业生涯规划的一个重要作用就是有助于合理地安排日常工作，评价工作的轻重缓急。没有职业生涯规划，就很容易被日常事务所缠绕，甚至被日常琐碎的事务掩埋，无法实现人生目标。通过职业生涯规划，能够使我们紧紧抓住工作的重点，增强成功的可能性。

第四，职业生涯规划能够激发个人潜能。职业生涯规划能够帮助我们集中精力，为实现自己的职业目标尽可能发挥个人潜能。一个人的潜在能力是无限的，需要我们充分地去挖掘。例如，在大学期间，并不是每一个大学生都在组织协调、科研发明等方面有优势，但是相当一部分同学在这些方面都有很大的潜能。因此，一旦赋予这些大学生工作任务和目标，调动他们内在激情，他们都会通过努力，充分激发其内在的潜能，很好地完成这方面的工作和学习。

三、职业咨询及其技术

每个人都想做自己的主人，拥有完美的职业生涯，但现实生活并不总是尽如人意的。许多人虽抱有满腔的热忱，但没有科学的方法，不能正确地规划好自己的职业生涯，因此遗憾不已。科学的职业生涯规划是在相应的理论指导下，利用有效的职业生涯规划方法完成的。目前，在国际上应用最多的职业生涯规划的方法是职业咨询。

（一）职业咨询的发展

职业咨询是指运用心理学等方法，协助当事人更好地解决在选择职业、安置就业和职业发展等方面遇到的问题。在职业咨询过程中需要采取一些专门的技术，协助当事人正确认识自己和当前的社会，发现自己的才能、特长与短处，不断挖掘潜力，增强挫折承受能力和市场竞争能力，提高与完善自我，在职业生涯中获得成功。

随着心理学的成熟和心理测验引入职业咨询，职业心理学逐渐成为一门新的独立的学科。职业心理学是研究与人们选择、从事和转换职业有关的个体心理差异及特点的科学，它凭借对个体一般能力、特殊能力、体力、兴趣、爱好和气质等评估的材料，指导人们科学地选择职业。职业心理学的创立，奠定了职业咨询的心理学基础。心理测验的发展和应用为职业咨询的发展提供了有力的工具。职业咨询的发展具有以下特点：

第一，在时间上，职业咨询由原来的就业安置的短暂行为扩展到整个人生的职业生涯规划活动。儿童、少年、青年一直处于生长和发展变化之中，用这种观点来考虑人的职业意识、职业能力和职业兴趣，人们发现，人的职业是一个长期发展的过程。人的职业意向受多种因素的影响，少年时期产生的职业萌芽会随着年龄、教育、阅历等方面的变化而不断发展变化并逐渐成熟。因此，不能用固定的眼光看待求职者，职业咨询应是一个动态的教育过程。正是在这种意义上，也有人把职业咨询称为"生涯咨询"和"人生咨询"。

第二，在空间上，职业咨询突破了单一的职业介绍的旧框架，扩展到社会生活的各个方面，渗透到教育活动的各个领域。特别是职业咨询与教育的结合，使职业咨询发生了根本性的变化。首先，它使职业咨询的内容更加广泛，除了职业介绍、个性测验外，还包括了职业知识的传播、职业意识的培养、求职择业技能的训练，以及职业观、择业观的教育等多方面的内容；其次，它使得职业咨询的途径和方法多样化。除了咨询和测试方法以外，还广泛采用授课、讲座、参观、实习和基本求职技能训练等方法。职业咨询活动也不再是少数专业人员的事，而逐渐成为社会、学校和家庭共同关心的问题。

第三，职业咨询的发展随着其手段的发展而发展。首先，传播手段的进步提高了职业咨询的社会化程度。过去的职业咨询由于受传播手段的限制，往往只是在较小的范围内或在个别人身上发挥作用。传播手段的现代化，使求职者与招聘者的距离变小了。人们可以通过电视、广播、报纸等大众传播媒介广泛地发布职业信息和求职广告，以指导求职者求职和用人单位对人员的选用。其次，计算机在职业咨询工作中的应用，促进了职业咨询手段的现代化。职业咨询人员使用电子计算机储存职业信息、分析就业市场动态、预测就业趋势，用计算机进行个性测验和职业咨询，从而进一步提高了职业咨询的科学性和有效性。

目前，职业咨询已成为许多国家职业生涯规划教育的组成部分。各国的职业咨询都是在其特殊的社会背景和历史条件下发展起来的，因此，各国职业咨询的内容和方法都有其特点，了解这些特点，对于借鉴国外经验，发展具有我国特色的职业咨询事业具有重要意义。

（二）职业咨询的技术方法

职业咨询主要有三种技术方法，即心理测量法、团体咨询和个别咨询。

第一，心理测量法。心理测量法主要是运用一些标准化量表来了解当事人的气质、性格、职业兴趣、职业能力等。一般的测试步骤为：①想干什么——求职意向调查；②适合干什么——职业兴趣测试和职业能力测试；③最缺乏什么——综合能力测试。

第二，团体咨询。团体咨询的主要功能是为一组咨询对象提供必要的信息。最常见的团体咨询模式是在学校或培训机构中，由教师或职业指导者为帮助学生和受训者更好地认识自己、他人和外部客观世界而开展的指导课程。

第三，个别咨询。个别咨询是开展职业咨询最常用的方法，主要是对当事人表示自己的理解与支持并对其进行启发教育，其中最重要的是要严格遵守保密原则。个别咨询的特点为：①咨询过程大多以语言方式进行沟通；②咨询员和咨询对象之间具有动态的交互关系，双方以平等的立场进行持续的沟通，在这一过程中双方共同参与，发展良好的咨询关系；③咨询技术的运用必须考虑咨询对象的期望与咨询的目标，因此，咨询员必须保持弹性咨询处理；④职业咨询最终的目标是促进咨询对象的自我了解与开展行动计划。

（三）职业咨询的特殊技术

和其他类型的咨询一样，职业咨询必须有良好的咨询关系，能够积极倾听、尊重咨询对象、真诚接纳等。职业咨询作为心理咨询的一部分，共享心理咨询的理论与技术，但职业咨询又有其特殊性，咨询员可以依据咨询对象的问题和需要，选择采取一些特殊的咨询技术。

1. 幻想技术

咨询员与咨询对象对所收集到的资料进行分析之后，通常会发现资料所能提供的信息是有限的，所以在进行职业咨询时将幻想技术用于解决职业选择的困扰上。

（1）幻想的内容。职业咨询师列举出一些幻想的内容：①荣誉庆典的幻想。幻想自己正接受一个特殊荣誉的庆祝酒会，而这项荣誉是因自己拥有的特殊能力而获得的。该类幻想是为了帮助咨询对象将目标具体化，并思考自己的动机。②异性角色的幻想。幻想自己，正在担任通常是由异性担任的工作。③异族的幻想。该类幻想可以促使封闭的咨询对象开放心态，幻想自己由小到大一直是在异族中长大。④职业改变的幻想。可以帮助咨询对象在许多职业改变的可能性上进行探讨，并刺激思考。⑤退休的幻想。青年人、老年人均可使用，此活动要求咨询对象回顾性地去幻想自己的职业、兴趣、能力和价值，以此决定职业的安排。

（2）幻想技术的实施过程。幻想技术可在个别咨询的情境下进行，也可在团体咨询的情境下进行，幻想的主题基本上可由咨询员和咨询对象共同决定，而有效的幻想技术需要咨询员做适当的引导，其过程为：①咨询员以口头（或使用录音带）方式温和柔顺地引导咨询对象调整自己的姿势，放松身体，使咨询对象身心平静、情绪放松。②咨询员以低柔的声调、缓慢的语句，引导咨询对象进入想象的空间。在引导的过程中，避免用可能限制咨询对象思考的话语，尽可能给咨询对象保留最大的活动思考空间，使其自由扩展思考方向与内容，越丰富的想象越能产生有价值的幻想体验。③咨询员可引用其他语句引导咨询对象进入不同的情景。④幻想活动结束后，咨询员与咨询对象或团体成员共同分享整个幻想过程与感受，并讨论幻想经验与个人职业发展的关联。

幻想技术在职业咨询上，可协助咨询对象探索不同的可能性，并从中预先体验各种选择的可能后果，有助于职业探索和对职业决策的评估。

2. 模拟个案研究

模拟个案研究要求咨询对象针对某一个案情况，分析其问题背景，并为其考虑各种可能的解决途径，其过程犹如身临其境，还能从客观的立场学习整个解决问题与做出决策的过程，因此效果非常显著。模拟个案研究的过程如下：

（1）咨询员介绍问题解决与决策技术，让咨询对象或团体成员了解并练习做决定的过程与方法，待有初步基础后，即正式进行活动。

（2）咨询员向咨询对象或团体成员说明个案的各种情形及活动的目标、内容。

（3）咨询员在准备个案时，应注意提供和引导咨询对象收集相关资料：①个案的目标与问题；②影响其职业发展的因素，如家庭、个人的能力倾向、兴趣、经验、身体状况等；③环境资料，包括各种相关职业和教育环境；④咨询对象的生活形态、发展方向。

（4）咨询员将个案的所有资料提供给咨询对象或团体成员，由他或他们自行进行个案研究，咨询员可以补充资料，并协助或引导他们寻求正确的研究方向，掌握分析的方法。如果是团体咨询，每位成员均须提出研究报告，说明他所做的决定及其理由。

（5）完成作业后，咨询对象各自分别提出报告，并与其他成员分享做决定的经验，咨询员就其方法、经验的优缺点与特色，提出讨论。

3. 情景模拟

情景模拟就是由咨询员营造出一个与工作环境类似，但充满学习与个人发展气氛的环境，而这个环境的营造使得咨询对象能适应他所处的组织环境。情景模拟可以达到以下目的：

（1）改变个人的行为。为咨询对象营造一个与工作相类似的环境，他可以在其中尝试许多不同的行为来协助自己去面对工作。

（2）为那些在学校、家庭和现实社会中，不能真正得到职业发展方面帮助的个体提供一个较好的教育与体验环境。在情景模拟过程中，咨询员除了要了解咨询对象的家庭、文化背景，还要求咨询对象对自我进行分析，并且在情景模拟中能有所改变。有时咨询员还要与咨询对象有关的其他人员，如家人、老师和老板等进行沟通，了解他们对咨询对象的期望，以便安排适宜的环境来协助咨询对象的职业咨询，共同促进咨询对象的职业发展。

4. 职业家族树

家庭对个体职业选择乃至职业发展都有深远的影响，职业家族树以图画方式，刺激咨询对象评估家族的影响，促进他们的职业认知。其过程如下：

（1）在树梢处填上个人偏好的职业（可填数种）。

（2）将家族中各人的职业分别填入树的枝干上（各枝干代表家族成员，标出称谓）。由于个人的职业可能有所变动，因此可同时填上目前的职业与先前担任过的重要工作，并将与咨询对象有直接关系的重要人物特别圈起来。

（3）将家族人员职业的共同特点填于树根处。

（4）咨询员与咨询对象共同讨论职业家族树，可以以一些问题作为引导：①对家族中各人的职业有何感觉；②如何知道他们希望我要选择何种职业；③家族中在兴趣、能力、体能和外貌等特质上，与我最相似的是谁，他们从事的职业与我的偏好有何关联；④家族在工作上最满意的是什么，等等。

（5）经过上述讨论，咨询员可以进一步引导咨询对象探讨个人各种职业的优点与缺点（如普通的职业对个人与社会的正面价值，或高层次的职业的负面情况等）。

四、职业能力测试及职业测评

在进行职业生涯规划时，通常还需要进行职业能力测试及职业测评，以起到辅助作用。

（一）职业能力测试

职业能力测试是指通过某些测试来预测个体的职业定位及适合的职业类型等。这属于一种倾向性的测试，因此又称之为职业能力倾向性测试。

1. 职业能力测试的依据

（1）职业能力倾向具有相对广泛性。职业能力倾向影响着一个人在某一职业领域中多种活动的效率，而专业知识技能则仅仅影响某一有限或具体的活动。

（2）职业能力倾向具有相对稳定性。职业能力倾向是相对稳定的，它不像人的智力水平一样很难改变，又不同于具体的专业知识技能那样容易通过强化训练而在短期内提高或由于遗忘而丧失。

（3）职业能力倾向是一种潜能。职业能力倾向表现为成功的可能性，而不是已有的水平。一个人的空间想象力强，我们可以预期他在许多与空间关系密切的活动领域中有取得成功的可能，但这仅是可能而已，这个人也许并没有机会实现他的优势。

2. 职业能力测试的作用

（1）可以帮助参测者根据自己的性格、能力来确定自己的职业生涯发展规划。

（2）可以帮助参测者确定职业目标，尽可能地发挥出自己最大的潜能。

（3）多角度专业化的职业评测维度可以帮助参测者提高个人的工作技能，提高自己的职场竞争力。

（4）让用人单位合理地应用测试报告结果进行人岗匹配，达到企业和个人的利益最大化。

（二）职业测评

职业测评是心理测验的一个分支，是心理测量技术在职业管理领域的应用，它以心理测量为基础，对人的特质进行科学、客观、标准的系统评价，从而为组织和个体两个层面的职业发展管理提供参考依据。这里所说的特质，是指那些完成特定职业活动需要或与之相关的感知、技能、能力、气质、性格、兴趣和动机等个人特征，它们是完成职业活动的必要基础。

西方许多发达国家从小学开始就会开展各种各样的活动以帮助学生认识工作、热爱工作并及早进行职业规划。美国的中学生至少要接受一次这样的职业测验，在中学和大学还设立了专业的职业辅导咨询中心，由职业心理学家依据专业的职业心理测评技术和规范化的咨询流程对学生进行职业指导。

在我国，随着近年来就业形势的变化，职业测评也越来越引起人们的关注。有关职业测评的信息纷纷见诸媒体，人才中介机构相继开展了职业测评的服务，各企事业机构也开始将职业测评运用于招聘过程之中。

1. 职业测评的分类

职业测评中最基本、最常用的有四大类测验，即智力倾向测验、人格测验、职业兴趣测验和动机测验。

（1）智力倾向测验。智力倾向测验具有考察智力（能力）水平及其结构的双重目的。一方面，不同的人智力水平不同，选择优智的人，可期望获得高绩效；另一方面，智力水平相近的人，其智力结构可能不同：有的人擅长言语理解、加工、表达，有的人擅长数字加工，有的人则擅长对形象的分析、加工。不同智力结构的人适应于不同类型的工作。

（2）人格测验。人格测验用以测量求职者与他人相区别的独特而稳定的思维方式和行为风格，这些特点可能影响该求职者的工作绩效、工作方式及习惯。

（3）职业兴趣测验。不同人的工作生活兴趣可以按照对人、概念、材料这三大基本内容要素分类，而社会上的所有职业、工作也是围绕这三大要素展开的。基于这一理论思想设计的职业兴趣测验可以在个体兴趣与职业之间进行匹配。

（4）动机测验。所谓动机是指由特定需要引起的，欲满足该种需要的特殊心理状态和意愿。而通过动机测验，可以了解个体的工作生活特点，从而找到激励他们积极性的依据和途径，并以此为依据安排相应的工作内容。

职业测评绝不是用少数三四种工具，"以不变应万变的方式"对付所有个体对不同职位的测量要求。实际上，每个求职者的特点都是不尽相同的，各个职位的素质要求也是相当多样化的，因此可能产生的测评组合也就十分丰富。要想真正做到人职匹配，必须有的放矢地根据个人的特点和岗位需要选择测量工具，使工具适应求职个体和招聘岗位的需求，而不是让个体和岗位去迁就测评工具的要求。

2. 职业测评的功能

职业测评的目的是实现人适其职，职得其人；人尽其才，才尽其用。它在研究、咨询、辅导和组织对员工的职业生涯开发中都占据重要地位，是不可或缺的工具。具体来说，其功能包括以下方面：

（1）预测功能。预测个体在教育训练、职业训练及未来工作中的表现。

（2）诊断功能。评估个体的长处和短处，优势和劣势，并诊断个体在兴趣、价值观和职业生涯决策等方面的特质。

（3）区别功能。区别出个体的某些特质最类似于哪一类的职业群体。

（4）比较功能。依据测量学指标，将个体素质（能力倾向、兴趣、价值观等）与某些目标团体相比较，从而观察两者之间的匹配程度。

（5）探测功能。了解个体在职业生涯发展的连续过程中，其职业决策、职业适应性的行为、态度，以及能力方面的一般状况，以便提供必要的职业辅导。

（6）评估功能。对职业生涯咨询或辅导的进展情况和效果进行评估。

五、职业生涯规划的影响因素

影响职业生涯规划的因素有很多，可简单归纳为外部因素和内部因素两个方面。

（一）外部因素

1. 社会环境

（1）政治环境。政治环境主要包括社会政治制度、政治状况及社会法制的完备程度。我国政治制度稳定，法制化进程已经开始，市场经济已初步形成并步入正轨，这为各种人才成长发展提供了前所未有的机遇。但同时人才竞争日趋激烈，大学生就业环境不容乐观，因此，大学生应在分析好社会现状的基础上，有针对性地做好职业生涯规划。

（2）经济环境。经济环境是影响职业选择和职业发展的重要因素，具体说来，经济环境方面的因素主要有以下方面：

第一，经济形势因素。经济形势的变化对职业的影响是最为明显且最为复杂的。当经济处于萧条时期，企业效益降低，对人力资源的需求减少，因而职业选择和职业发展的机会减少；当经济处于高速发展时期，企业处于扩张阶段，对人力资源的需求就会增加，职业选择和职业发展的机会也就随之增多。

第二，经济发展水平因素。在经济发展水平高的地区，企业相对集中，优秀企业也会比较多，个人职业选择的机会就比较多，因而有利于个人的职业发展；反之，在经济落后的地区，个人职业选择的机会相对来说就比较少。

第三，收入水平因素。社会对人力资源的需求是一种派生需求，当人们的收入水平提高时，对商品消费的需求会增加，企业扩大生产，从而增加对人力资源的需求，职业选择和职业发展的机会增多；相反，职业选择和职业发展的机会减少。

（3）社会文化环境。社会文化环境包括教育条件和水平、社会文化设施等。在良好的社会文化环境中，个人能得到良好的教育和熏陶，从而为职业发展打下坚实的基础。社会文化是影响人们行为、欲望的基本因素，社会文化反映着个人的基本信念、价值观和规范的变动。我国是一个大国，社会文化的复杂性决定个人职业选择与职业发展要考虑组织（企业）所在地的文化因素。

大学生在进行职业生涯规划时，主要应了解的内容包括：社会政策，主要是人事政策和劳动政策；社会变迁，如知识经济和信息化社会的发展；社会价值观，价值观会随着社会的不断发展和进步而发生不同程度的变化，从而会影响社会对人的认识和对职业的要求；科学技术的发展，科技的发展会带来理论的更新、观念的转变、思维的变革、技能的补充等，而这些都是职业生涯规划中不可或缺的因素。

（4）教育环境。现代教育体制改革使更多的年轻人有接受高等教育的机会，这使得高学历人才迅速增多，高素质人才的竞争将更为激烈。另一方面，我国教育体制原来较为忽略职业技术教育，我国依然面临技术工人匮乏的问题。因此，掌握一两项实用技术，成为高级蓝领，也是不错的职业选择。

2. 组织环境

组织环境主要包括组织外部环境和内部环境两个方面。

组织外部环境是指存在于行业之中、组织之外，组织不能控制但是能对组织决策和绩效产生影响的外部因素的总和。主要包括组织在本行业中的地位、状况及发展前景、所面对的市场状况、产品在市场上的发展前景、能够提供的岗位等。

组织内部环境主要包括：组织规模和组织结构；组织实力、声誉和形象；组织文化、组织氛围和人际关系状况；组织发展战略和发展态势；目前的产品、服务和活动范畴，市场发展前景；组织领导人与组织政策和组织制度；组织人力资源开发与管理状况，如人力资源需求、晋升发展政策、薪资和福利、教育培训、工作评估等；工作设施设备条件和工作环境等。

3. 家庭环境

家庭是个人成长最核心的环境，任何人的性格和品质的形成及个人的成长都离不开家庭环境的影响。子女与父母的关系、家庭的社会经济地位、父母的管教方式、父母对子女未来职业的期待及期待程度、父母的职业身份和父母的榜样作用等，均会在不同层面对大学生的职业生涯发展起到不同程度的影响作用，因此，我们经常看到教育世家、艺术世家、商贾世家等。但研究也表明，如果大学生个体自我认知程度越高，将自身兴趣与专业选择和职业生涯发展结合得越紧密，那么，家庭因素对他的影响也就相对越小。

大学生在进行职业生涯规划时，一方面要考虑家庭的经济状况、家人期望、家族文化等因素对本人的影响；另一方面，个人在成长过程中，在不同时期也要根据自己的成长经历和所受教育的情况，不断修正、调整，并最终确立职业理想和职业规划。正确而全面地衡量家庭情况才能有针对性地设计自己的职业生涯规划。

（二）内部因素

1. 气质

气质是指人们心理活动的速度、强度、稳定性和灵活性等方面的心理特征，是神经类型特征在人行为上的表现。一般来说，气质分为胆汁质、多血质、粘液质和抑郁质四种类型，每一种气质都有其积极方面和消极方面。气质对个体的职业生涯规划有一定的影响，不同气质的人适合从事不同类型的职业。

（1）胆汁质。胆汁质的人精力旺盛、热情直率、激动暴躁，情绪体验强烈，神经活动具有很强的兴奋性，反应速度快却不灵活。他们能以极大的热情去工作，克服工作中的困难，但若对工作失去信心，情绪即会低沉下来。这类人适宜竞争激烈、冒险性、风险意识强的职业，如探险、地质勘探、登山和体育运动等。

（2）多血质。多血质的人活泼好动，性情活跃，反应敏捷，易适应环境，善于交际。他们工作能力较强、情绪丰富且易兴奋，但注意力不稳定，兴趣易转移。这类人对职业有较广的选择范围和机会，适合于从事要求迅速灵活反应的工作，如导游、外交、公安、军官等，但不适宜从事单调机械的工作和要求细致的工作。

（3）粘液质。粘液质的人情绪兴奋性低，安静沉稳；内倾明显，外部表现少，反应速度慢，但稳定性强，偏固执、冷漠；比较刻板，有较强的自我克制能力，能埋头苦干，态度稳重，不易分心，对新职业适应慢，善于忍耐。这类人适合于从事要求稳定、细致、持久性的职业，如会计、法官、管理人员、外科医生等，但不适宜从事具有冒险性的工作。

（4）抑郁质。抑郁质的人敏感，行动缓慢，情感体验深刻，观察力敏锐，易感觉到别人不易觉察的细小事物，易疲倦、孤僻，工作耐受性差，做事审慎小心，易产生惊慌失措的情绪，往往是多愁善感的人。这类人适合于要求精细、敏锐的工作，如哲学、理论研究、应用科学、机关秘书等。

事实上，大多数人总是以某种气质为主，又附有其他气质。所以，大学生在职业选择中，一定要"量质选择"，找到适合自己气质类型的工作。

2. 性格

从广义上讲，性格是行为方式、心理方式、情感方式的总和，集中反映了一个人的心理面貌。性格影响着一个人对职业的适应性，一定的性格适合从事一定的职业，同时，不同职业对从业者也有不同的性格要求。因此，大学毕业生在考虑或选择职业时，不仅要考虑自己的性格特点，还要考虑性格与职业相匹配。

性格与职业相匹配是指个人在选择职业时，应根据自己的性格来选择与个人性格相适应的职业。于组织而言，则应该根据职业要求挑选相应性格的人。人们通常将人的性格分为外向型和内向型。一般来说，外向型性格的人更适合与人接触的职业，如管理人员、记者、教师、政治家、推销员等；内向型性格的人更适合有计划、稳定且与人接触较少的职业，如会计师、统计员、资料管理员、技术人员和科学家等。当然，在实际生活中，纯粹的外向或内向的人是很少的，绝大多数人是混合型。此外，外向与内向是相对而言的，没有一个确切的标准。因此，我们不能轻易给自己的性格类型下结论，还应通过咨询和自我测验来确认自己的性格类型。

3. 兴趣

兴趣是个体积极探究事物的认识倾向，这种倾向带有稳定、主动、持久等特征。当兴趣的对象指向某一职业时，就称之为职业兴趣。如果一个人对某种工作产生兴趣，在工作中就会具有高度的自觉性和积极性，就容易做出成就；反之，则会影响工作的积极性，有可能一事无成。

大学生在择业过程中应适当考虑自己的兴趣和爱好，不能为了眼前利益而选择自己不感兴趣的职业，这样不仅不能充分施展自己的才能，甚至可能会贻误终身。但兴趣爱好在职业选择中，也并不总是起着正向的驱动作用，有时它也是一种耗散力，给大学生带来职业选择的困惑，如有的学生对什么都感兴趣，但没有形成自我特色，在择业时就没有竞争优势；有的学生兴趣面太窄，以至于不能满足社会需要；还有的学生因种种客观因素，个人兴趣与所学专业不一致，也不可避免地造成择业困难。所以，即将毕业的大学生要对自己的兴趣进行客观分析，同时还要树立正确的人生志向，调整自己的兴趣爱好，适应社会的需要，争取找到适合自己兴趣的职业，最大程度地发挥自己的聪明才智。

当然，任何人的职业兴趣都不是与生俱来的，而是以一定的素质为前提，在生活实践过程中逐步发生和发展起来的。如果一个人缺乏某种职业知识，或者根本不了解这种职业，那么他就不可能对这种职业感兴趣。因此，一个人只有广泛地了解职业知识，多参加相关的职业活动，才可能真正发现自己的职业兴趣所在。

明确个人的职业兴趣是职业生涯规划的重要依据之一。大学生在寻找职业兴趣的过程中要避免以下错误观念：

（1）把简单的喜欢、感兴趣当作是职业兴趣。职业兴趣是要与将来的工作相关的，只有想清楚自己要从事什么样的具体工作，并对工作的内容、职责、性质等有所了解，且乐于准备可以达到工作要求的知识技能时，才谈得上是真正的职业兴趣。

（2）从事自己感兴趣的工作，就意味着轻松愉快。做自己感兴趣的工作是快乐的，甚至可以激发工作热情，但不一定轻松。实际上，从事任何职业都要付出努力和辛劳才能取得成就、做出成绩。另外，有的时候坚持自己的职业兴趣，还要付出经济报酬和社会地位的代价，毕竟不是所有人都会对待遇高、地位高的职业感兴趣。

（3）不是自己感兴趣的工作就不做。能从事自己感兴趣的职业是每个人的理想，但职业选择除了兴趣以外，还要综合考虑性格、能力等问题，这也是理想与现实的差距和矛盾。很多人需要在现实中追求自己的理想，立足于现实，把自己不喜欢的工作做好，并在这个过程中培养兴趣、积累技能，寻找新的机会。

4. 能力

能力是指人们成功地完成某种活动所必须具备的个性心理特征，是人们在社会实践中所表现出的身心力量。一个人的能力高低会影响他掌握各种活动的成绩，影响一个人的活动效果。

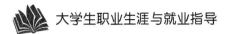

能力是求职者开启职业大门的钥匙，个人只有选准了与自己能力倾向相吻合的职业才能如鱼得水，否则，就会影响职业活动的效率。

能力是在先天素质的基础上，在生活条件和教育的影响、熏陶下，在个体的生活实践中形成和发展起来的，对从事任何职业都是十分必要的。能力包括一般能力和特殊能力，不同的职业要求从业者有不同的能力。个人的职业能力通常可分为一般言语能力、数理能力、空间判断能力、察觉细节能力、书写能力、运动协调能力、动手能力、社会交往能力和组织管理能力等九个方面。例如，教师、播音员、记者等职业要求从业者有较强的语言能力；统计、测量、会计等职业要求从业者有较强的数理能力；而画家、建筑师、医生等职业对从业者的形态知觉能力要求颇高。

能力还存在着性别差异，女性在哲学界、经济学界、自然科学界所占比例较小，而在文学、新闻、医学、教育、艺术等领域所占比例较大。通常来说，需要形象思维和细致情感的工作更适合女性。

第二章　大学生职业生涯决策与规划制订

第一节　大学生职业生涯决策理论及方法

小到生活琐事，大到就业发展，"选择"无处不在。想要做出"选择"，需要时间、学习、锻炼等方方面面的积累，想要把"选择"转变为"行动"，则需要思考、规划、实践等扎扎实实地前行。把"选择"和"行动"放在职业生涯规划中，就是"职业生涯决策"。

一、大学生职业生涯决策的认知

职业生涯决策是职业生涯规划中非常重要的环节，既包含做决策的过程，也就是"如何做"，还包含做决定的结果，也就是"做什么决定"。在经过自我认知、探索职业世界之后，大学生需要根据已经获取的信息做出初步的职业生涯决策，选择未来发展的大方向，再做细节选择。

（一）职业生涯决策的类型

职业生涯决策指的是根据各种条件，经过一系列的活动而进行的目标决定，以及为实现目标而制订优选的个人行动方案。总的来说，常见的职业生涯决策有以下三种：

第一，确定无疑的决策，即所有的选择及结果都非常清楚、明晰。

第二，有一定风险的决策，即每种选择的结果并不能完全确定，但可以在一定程度上知道可能会有什么样的结果。

第三，不确定的决策，即对于有哪些选择、各种选择会产生什么结果，几乎完全不清楚。

生活中的大多数决策都属于第二种，也就是说能获得一定的信息，做出某种预测和选择。当我们面临第三种选择时，可以先搜集信息，把它变成第二种决策。

(二) 职业生涯决策的过程

在实际生活中，职业生涯决策的过程不是一个独立的步骤，而是一系列的过程，主要分为以下四个阶段：

第一个阶段：自我探索，包括对自身的职业兴趣、职业性格、职业技能、职业价值观的探索，以达到对自身清晰的自我认知。

第二个阶段：职业探索，主要包括对职业信息的了解、生涯发展路径的了解。

第三个阶段：资源探索，主要包括对自身可用资源的探索和评估。

第四个阶段：科学推理，在前三个阶段的基础上做出可行推理，从而做出正确的决策。

其中，科学推理阶段对大学生来说是最难的。首先，要在众多的选择中找到一个大方向，如毕业后直接就业、考研、出国等；其次，需要在大方向中筛选出一些更为具体的小目标，如想就职于哪个行业、哪个单位，想深造于哪所高校等；再次，权衡不同的选择和小目标从而做出决定，同时接受"决定""妥协"两个反复的阶段；最后，大学生要能够承担决策的风险，面对未知的压力，对自己的决定负责。

(三) 职业生涯决策的影响因素

职业生涯决策非常重要，会持续影响大学生未来的职业和发展，需要注意的是，决策过程对某些大学生来说非常困难。在一些特定的情况下，职业决策会受到很多因素的阻碍和限制，影响大学生进行有效的决策。一般来说，职业生涯决策的影响因素包括个人因素、社会因素和其他因素。对于这些影响因素，大学生有的能觉察到，有的不容易意识到，这些影响因素对每个大学生来说影响的程度也不同，了解这些因素有助于大学生梳理问题解决思路，做出合理的决策。

1. 个人因素

大学生是职业生涯决策的主体，个人因素起着决定性作用。个人与环境之间的高度复杂性是决策受多方面因素影响的原因，个人对环境以及对自身因素的判断与取舍，限制着个人职业生涯发展的宽度和广度。所以，在职业生涯决策的过程中，最关键的影响因素是个人因素，主要包括个人背景、内在涵养、职业能力和素养、经济需求、心理特征等方面。

(1) 个人背景。不同年龄、性别、教育背景的大学生，会经历不同的职业生涯过程，个人背景的差异性会导致决策的不同。

(2) 内在涵养。内在涵养是指个人修养、文化素养、道德水平，以及在体育、文艺、美术、音乐等方面的特长或天赋。

（3）职业能力和素养。职业能力和素养是指认知能力、分析能力、表达能力、组织能力、逻辑思维能力、语言能力、社交能力、业务能力、决断能力、解决问题的能力等。知识技能是决策者将信心转化成最终决策结果的关键。有些大学生在决策前已具备很好的自我认识，对自己的各种选择也很了解，但却做出了有偏差的职业决策；也有的同学曾经做了大量职业测试来了解自己的兴趣、天赋等个人特质，却依然做不出决策。这都是因为缺乏决策的必要知识技能。一些决策者常常由于决策经验有限或对自身的决策能力缺乏自信而做出错误的决策。

（4）经济需求。薪酬决定着大学生的生活水平和事业发展的空间，影响着个人的精神生活和社会成就感，但过分看重薪酬可能会错失更适合自己的机会，甚至可能给职业生涯的后续发展带来麻烦。在做职业决策时，应充分考虑自身的经济情况，从而做出既满足生活所需又有发展空间的选择。

（5）心理特征。心理特征是指在特定时期的心理环境、精神状况和情感因素。心理特征具有明显的不确定性和即时性。从职业心理学的角度来说，职业兴趣、职业性格、职业技能、职业价值观构成了稳定的心理特性和倾向。大学生处于快速成长的阶段，心理状态容易发生较大波动，面对职业决策会感到压力和迷茫，及时调整好个人心理状态是把握好个人前途和命运的关键因素。例如，大学生在决策过程中因为性格内向而产生抵触情绪，从而产生自卑，有可能做出错误或者存在偏差的职业决策。有的大学生还会焦虑、缺乏自我胜任感以及动机冲突等。还有的大学生过高地估计了自己的能力，产生了自傲的情绪，这种情绪可能使决策结果偏离客观事实，不具有可实现性。

2. 社会因素

不同的社会环境会对大学生的生涯决策产生不同的影响。政治形势、价值观，社会、经济、历史、文化环境都能够影响大学生对于决策的制订。同时，行业、用人单位对毕业生的需求、技能要求以及专业在社会中的发展状况等也是影响大学生决策的重要因素。

很多大学生在进行决策时还会考虑地域因素。总的来说，市场化水平和经济增长水平相对较高的区域是大学生职业生涯发展的主要阵地，大学生在做职业决策时，应该结合区域经济的发展状况，选择或制订与自身状况相符的发展方案，从而使职业生涯良好有序地发展。

3. 家庭因素

在影响职业决策的所有因素中，除了个人因素和社会因素之外，还有来自家庭方面的影响。充分整合影响职业生涯发展的各个因素，有利于提高决策的合理性。家庭因素对大学生的职业生涯决策有着直接的影响，既有积极的影响，又有消极的影响，其中主要包括家庭经济状况、家庭价值观和家庭社会关系三个方面的因素。

（1）家庭经济状况。家庭经济状况直接影响着大学生受教育的条件、对人生的态度、对精神生活的追求，对个人兴趣、性格、能力、价值观的形成都有着间接的作用。

（2）家庭价值观。父母在日常生活所呈现出来的样子是大学生最先观察到的，大学生父母、亲人的价值观共同决定着家庭对大学生灌输的价值观，在很大程度上决定了大学生的发展方向。有的大学生学业和发展出现了问题，可能不仅仅是大学生本身的问题，也是一个家庭的问题。家庭和人际关系面临困境势必会影响职业决策者的决策过程。

有些家长能够客观评价孩子的决策结果并给予一定的指导，鼓励孩子完成职业规划。也有的学生家长根据自己的经验（也可能是对于某种客观事物的偏见）否定孩子的决策结果。甚至有的家长对学生的职业决策进行强制干预，不考虑孩子的兴趣、性格特征，只是按照自己的想法为孩子规划未来，使孩子的潜能不能得到有效的发挥。

与家庭成员高度融洽或密切相关的大学生往往在决策中很难保持自己的情绪和心理上的独立。另外，家庭成员之间无法就义务、经济、责任、价值观等达成共识也会使大学生的职业决策出现问题。

（3）家庭社会关系。家庭的社会关系能为大学生提供相关就业资源和行业相关信息，使决策存在很大的延展空间。因此，在做职业决策时，需要大学生充分利用家庭资源，以增加职业决策的科学性和可行性。

4. 成长环境因素

朋友、同龄群体对大学生职业生涯决策的影响也是很大的，他们的职业价值观、对待个人发展的态度，思维、语言、行为特点等不可避免地会影响到决策者本人对职业的偏好、选择从事某一类职业的机会和变换职业的可能性等。

5. 个人职业信息匮乏或膨胀

信息是决策的基础条件。在职业决策过程中所需的信息包括决策者的职业价值观、天赋、兴趣、个性等自身条件，还包括决策者所倾向的职业的相关信息，如行业目前的发展形势、对其中具体工作人员的专业素质和知识结构的要求、如何获得满意的工作岗位、进入该行业需要注意的内容等。

如果大学生缺乏信息基础，则可能会影响其职业决策的有效性。同时在决策过程中还要对职业信息具有一定的甄别能力。"互联网+"的信息呈现出过多以及过于复杂的现象，大学生可能因为客观环境的影响而获得了错误的信息，这些信息可能会对职业决策结果产生负面影响。

（四）职业生涯决策的原则

第一，社会需求原则。社会大环境要求大学生在做职业生涯决策时必须与社会需求相结合，以社会需求为出发点的决策才具备可行性和发展性，这是一个最基本的原则。一些传统行业在逐渐被信息化产品取代，这是决策中不能忽视的社会需求因素。

第二，兴趣发展原则。兴趣是最好的老师，职业生涯决策的结果要符合大学生本身的喜好。做自己喜欢的工作，能够有效地将兴趣转化为动力，最终成为事业发展的长久动力。但在做决策时，并非所有的决定都与兴趣有关，有的大学生对所学的专业或从事的工作并不感兴趣，但如果计划以此为职业，就应该尽快发展和培养职业兴趣。所以在决策时，不仅要选择自己喜欢的职业方向，更要主动去培养职业兴趣，从学习和工作中找到乐趣。

第三，能力胜任原则。在职业生涯决策过程中不仅要找到感兴趣的工作，更要找到擅长的工作。从事任何职业都要具备对应的职业技能，以便满足职业岗位的需要，同时也会让人有成就感。所以大学生在做职业生涯决策时，要对自己已经具备或即将具备的能力有所了解，根据自己的能力来判断是否能够胜任这个职业，即使有的能力欠缺，也可以努力去提升。

第四，利益整合原则。大学生进行职业生涯决策的目的是找到发展方向作为生活的依靠，满足自己的物质和精神方面的需求，获得幸福感。所以，职业回报、行业发展状况、生涯路径会使大学生在职业生涯规划的全周期中展现收益的最大化。在进行生涯决策时，要考虑各方面利益的整合，如能否满足个人的物质需求和精神需求、职业发展的前景如何、社会地位怎么样、个人的成就感如何、个人要付出的努力和代价是什么，以此来保障自己的利益最大化。

二、大学生职业生涯决策的理论

了解职业生涯决策理论可以帮助大学生更好地理解职业生涯决策的方法。

（一）丁克里奇职业生涯决策风格理论

丁克里奇职业生涯决策风格理论将个人决策所采取的风格分为以下八种类型：

第一，烦恼型。烦恼型的大学生过度收集信息，使用信息时又过度担心，甚至会花很多时间和精力来收集信息，确认有哪些选择，向咨询师咨询，反复比较却难以做出决定。烦恼型的大学生收集再多的信息进行分析比较也效果甚微，他们要思考是被什么样的情绪和非理性观念所困扰而导致犹豫不定。

第二，冲动型。冲动型的大学生容易冲动地选择第一个能够容易实现的职业目标，不再考虑其他的选择或者进一步收集信息。其想法往往是先找到一份工作。冲动的决策方式风险太大，等到有更好的选择时大学生会非常后悔。

第三，直觉型。直觉型的大学生把自己的直觉感受作为决策的依据，这在无法获得大量信息的时候会比较有效，但可行性和规划的延展性可能不符合事实，甚至可能会因自身的偏见与职业目标产生较大的偏差，建议此种类型的大学生调整决策风格。

第四，拖延型。拖延型的大学生时间观念较差，不断往后推迟决策，直到最后一刻才做决策，甚至是被迫做出可能不适合自己的决定。拖延型决策，决策问题将由于拖延变得更难以解决。

第五，宿命型。宿命型的大学生自己不愿做决定，而把决定的权利交给别人或者命运，认为做什么选择都是一样的，直到机会到来时才做出决定。这类大学生心理状态大多比较无助，容易成为外部环境变化的受害者，最应该主动说出决策问题，以寻求帮助或者鼓励。

第六，顺从型。顺从型的大学生过于依赖外界的指导，虽然想做决定，但是无法坚持己见，常会屈从于他人或是跟随大多数人的决定，可能在群体中获得了安全感，不过在决策过程中会忽略自身的独特性，从而导致决策结果不适合未来职业的发展。

第七，瘫痪型。瘫痪型的大学生在接受决策任务时，会由于压力而过于焦虑，担心决定产生的结果，不愿意为结果负责，选择停止不前来逃避做决策。这种心理可能与家庭在其成长过程中的教育和行为培养方式有关。

第八，计划型。计划型的大学生是八种决策类型中最好的，能够准确、全面地说出自己对职业目标的选择标准和依据，以做出适当且明智的决策，同时还会对周围的人或事产生一定的积极影响，是应当积极提倡的决策类型。这种类型的大学生会意识到决策对于个人职业生涯发展的重要性，从而积极地收集职业信息，可能会使用标准化决策模型所推荐的理性策略主动解决问题。这种类型的大学生会根据具体的情形动态调整自己的选择。

（二）PIC 模型理论

PIC 模型理论基础是排除理论，在生涯决策理论与实践中具有一定的参考与实践意义。P 代表排除阶段（Prescreening）、I 代表深度探索阶段（Indepth Exploration）、C 代表选择阶段（Choice）。

PIC 模型理论对于大学生职业生涯决策方案的选择通常是多属性的，在选择过程的每一阶段，要挑选出某一属性或某一方面，根据其重要性对之做出评价，排除不符合决策要求的属性，直到剩下某种未排除的方面或属性时，再做出最后的选择。

1. 排除阶段

很多大学生在做职业决策时，备选的决策方案是很多的。排除阶段的目的就是将这些备选的决策方案数目减少，达到可操作的水平，以便决策者能够为每个方案收集广泛的信息，并且有效地加工这些信息。排除阶段可以分为以下三个步骤：

第一，初定有可能的方案。寻找有可能的方案是建立在个人对有关方面的偏好这一基础之上的，如个人的职业价值观、兴趣、能力、工作环境、培训时间、工作时间、人际关系类型等。

第二，根据重要性排序。按照自身的重视程度给可能的方案排序。

第三，排除不易操作的方案。根据重要性排序情况思考方案可接受的水平，排除与个人偏好不符的方案，直到剩余"有可能方案"的数目在可操作的范围内。

2. 深度探索阶段

深度探索阶段的目的是找到一些不仅是有可能的，而且是合适的方案，获得深度探索阶段的方案清单。首先，大学生要考察自己是否真正能达到方案核心层面规定的要求；其次，要考虑自身的教育背景、实践经验是否能够支撑方案的实施；最后，要考虑每个有方案的先决条件，如相关的从业资格证书等。

3. 选择阶段

根据上两个阶段的分析，选择对自身来说最合适的方案。首先，要注意关注第二阶段得出方案的特点，将方案的优缺点进行比较，考虑方案之间的平衡挑选其一；其次，使用收集到的信息评估实现该方案的可能性，如果存在不确定性，则建议回到前面的步骤，搜寻更多的、可能被认为是"次等的"但仍然适合的方案。

（三）认知信息加工理论

认知信息加工理论（CIP）是职业生涯选择和职业生涯发展理论体系中一个非常重要的理论，是基于在生涯问题解决和决策制订过程中大脑如何接收、编码、储存和利用信息和知识这一理念而形成的理论，强调大学生要关注职业生涯问题的解决和职业生涯决策的思维、记忆过程，它将职业生涯规划的过程视为学习信息加工能力的过程。

认知信息加工理论的核心观点是金字塔模型和CASVE循环，之所以认知信息加工理论在大学生职业生涯决策中具有很强的实践作用，主要是因为其在知识领域的完善、生涯决策的改进、元认知技能的改善等三个方面所发挥的积极作用。

位于金字塔底部的是知识领域，包括自我认知（对自身兴趣、性格、技能、价值观等的了解）和认知外界（对于工作世界的认识）。金字塔的中间是决策技能领域，即一般性的信息加工包括沟通、分析、综合、评估、执行五个阶段，构成了决策的 CASVE 循环。最上层是执行领域——元认知，是个人对自身认知过程及结果的知识、体验和调节，包括个人所具有的关于自身思维活动和学习活动的知识，对自我的觉察和对自己进行认知活动的过程和结果的监督控制。

在认知信息加工金字塔中，知识领域相当于计算机的数据文件，需要大学生在日常的学习和生活中进行存储。决策领域相当于计算机的程序软件，让大学生对所存储的信息进行加工处理。执行领域则相当于计算机的工作控制功能，操纵计算机按指令执行程序。在这三个领域中，知识领域是基础。没有较全面而准确的自我认知和职业知识就无法做出合理的职业决策。执行领域则对上述两个领域的状况进行监控和调节。

三、大学生职业生涯决策的方法与步骤

（一）职业生涯决策的方法

1. SWOT 分析法

SWOT 分析法的提出者是哈佛商学院的安德鲁斯教授，该分析法主要用于为企业中长期发展制订策略。近年来，它常用于职业生涯决策、管理、营销等领域，对大学生所处的情景进行全面、系统、准确的研究，从而根据研究结果制订相应的规划、战略、对策。SWOT 分析法在职业生涯决策中是一个非常有用的工具，大学生通过 SWOT 分析，会较清楚地知道自己的优缺点在哪里，会评估出自己所感兴趣的不同职业道路的机会和威胁所在。总的来说，这种分析方法在实际运用中具有明显的科学合理性，因此，可以将分析结果作为职业决策的主要依据。

SWOT 分析法，S 代表优势（Strengths）、W 代表劣势（Weaknesses），O 代表机会（Opportunities）、T 代表威胁（Threats）。优势、劣势属于内部因素，机会、威胁属于外部因素，由此，SWOT 分析法可以分为两部分：第一部分为 SW，主要用来分析个人条件；第二部分为 OT，主要用来分析外部条件。内外结合才能将个人的职业目标、个人条件、内外部环境有效结合起来。SWOT 分析主要包括以下四步：

第一步：评估自身的优势和劣势。大学生要根据自己的价值观、性格、兴趣和技能找出自己的优势和劣势，也可以通过职业测评软件得出直观的分析结果。之后要努力去发挥优势，改善劣势，同时，要敢于放弃那些自己不擅长的、能力要求不易达到的职业，规避自己的劣势，在不断完善自己职业能力的过程中提高职业素养。

第二步：找出自身的职业机会和威胁。机会与威胁都是并存的，不同的行业、公司、职位都面临不同的外部机会和威胁，这些机会与威胁在很大程度上制约着职业生涯的发展。找出这些外界因素，对于大学生找到一份适合自己的工作是非常重要的，因为这些机会和威胁会影响第一份工作和职业发展。

第三步：确立中长期职业目标。列出 5 年内的职业目标，对所期望的每一个职业目标进行 SWOT 分析，同时思考自己想从事哪一种职业，希望拿到的薪酬范围，等等。这些目标必须发挥出自身优势，与行业提供的工作机会相匹配。

第四步：论证职业目标的可行性。为所列出的职业目标拟订一份具体的行动计划，结合 SWOT 分析中内外因素的优势与劣势，详细分析达到职业目标的可能性，分析为了实现每一个目标要做的每一件事，何时完成这些事。如果需要外界帮助，则要分析需要何种帮助和如何获取这些帮助。比如，分析技术职位需具备的业务能力和创新能力，要获得预期的报酬需要具备的相关职业素养、专业技能等，这就需要大学生结合自身情况进行探讨，并对职业计划和行动进行理性分析。

2. CASVE 循环

无论在人生规划的哪个阶段，CASVE 循环都是解决职业决策问题的良方，我们可以把 CASVE 循环当作生涯决策的一个经典例子。同时，CASVE 循环还是信息加工理论的核心观点之一，与金字塔模型一起组成了认知信息加工理论的核心观点。

解决职业生涯问题不是一件事，而是一个过程，即一个包括了五个步骤的 CASVE 过程。C 代表沟通（Communication），A 代表分析（Analysis），S 代表综合（Synthesis），V 代表评估（Valuing），E 代表执行（Execution）。在开始这五个步骤之前，大学生一定要对自我认知有较清晰的定位，对职业环境有较全面的探索。

第一步，沟通。沟通是职业生涯决策的开始，可以通过内部沟通和外部沟通来完成，其目的是要明确自己需要做出选择的各个阶段，要开始寻找理想和现实之间的差距。

第二步，分析。通过沟通，大学生发现了理想与现实的差距，在分析阶段，就要去考虑自己的选择会出现的各种可能性。这个步骤很重要，但是基于很多实际的生涯与就业咨询案例，很多大学生会简化这个环节，直接过渡到下一个步骤，这样会弱化决策的根基，也就失去了规划的意义。做好分析需要把握住最核心的问题，即"以最终目标为主线"。这会帮助大学生一边规划一边想明白自己的选择会出现的各种可能性，从而分析好每条路上可能出现的问题。建议大学生问自己三个问题，来明晰最终目标：一是我最不想做什么样的工作、过什么样的生活；二是我最期待的工作和生活状态是什么，家人朋友如何看待这种状态；三是我最佩服的人有什么生涯目标。

第三步，综合。综合主要是根据分析步骤得出的信息，设计出符合要求的方案，确定解决问题的方法。大学生一般对于未来会有很多设想，在深入分析后可以得出许多与自身较匹配的职业方向。综合就业是要去做减法，发散思考每一种方向的可能性，最后将目标方向压缩到3~5个，以达到最有效的可行方向。

第四步，评估。评估是对综合得出的目标进行详细的评估和排序。大学生需要评估自己从事目标行业的适应性以及对家庭的影响，按照优先顺序排序。

第五步，执行。任何目标的实现都少不了行动。执行是CASVE循环的最后一步，前四步都是为了执行做出的铺垫。要实现职业生涯的成功发展，关键还是要在执行步骤将所有规划付诸实践。在执行过程中，既需要制订可行的计划，还要积极地实践尝试并付诸行动。在行动中要评估设定的目标是否合理，是否符合自己的实际情况；如果不是，就要进行新的决策过程，再次回到沟通阶段，开始新一轮的CASVE循环，直到职业生涯中的问题被解决为止。

职业生涯规划是一个动态变化的过程，CASVE循环正是通过循环思考引导大学生不断发现问题、解决问题，达成最终目标。

3. 决策平衡单

在职业生涯决策中，大学生常会犹豫应该取舍什么职业目标。

决策平衡单能帮助大学生分析每一个可能的方案，把各种规划进行细化、分析、整理，从而通过数据化的排序，直观做出判断应该选择哪个职业目标。CASVE循环中的"评估"步骤可以通过决策平衡单来进行。

决策平衡单主要将决策的评估方向分为四个部分，即自我物质方面的得失、他人物质方面的得失、自我精神方面的得失、他人精神方面的得失。决策平衡单的具体使用步骤如下：

（1）选择想要比较的发展目标。如考研、求职公司、基层就业、出国，等等。

（2）明确四个部分的具体内容。针对某一个可供选择的职业发展方向，列出自己所有的考虑因素，从对自己、其他重要的人等不同的角度，分析会带来怎样的得与失和这些得与失是否可以接受及原因。

（3）拟订各因素的加权分值。根据自身情况考量各因素的重要性，根据考虑因素的重要程度，分别设定1~5的权重系数，重要程度越高，分值越高。

（4）为因素打分。因素的计分范围为-5~5分，对大学生越重要的因素，分数越高，反之越低。将分数填在对应栏中，然后与权重相乘得出加权分数。

（5）计算总分进行决策。将各选项加权分数合计得出总分，一般总分最高的方案即为最优选择，但是在实际操作中大学生常会因为某个因素调整选择。

4. 5W 归纳法

5W 归纳法也是职业决策过程中经常用的方法，在日常的学习生活中，可以通过依次回答 5 个问题，并通过答案的交集来进行生涯决策。

问题 1：Who am I？（我是谁？）这个问题的目的是引导大学生对自己进行深刻的反思，充分了解自己的优点，对自己有一个全面、客观、清醒的认识，把自己的性格特征、特长、能力等方面的优势挖掘出来，更加清晰地明确职业目标。

问题 2：What do I want？（我想做什么？）这个问题的目的是引导大学生清楚地知道想要什么样的职业和什么样的生活。虽然随着年龄和经历的增长，每个人在不同阶段的兴趣发展不完全相同，但兴趣对职业的发展有着重要的导向作用，可根据兴趣来锁定一个人的职业发展方向。

问题 3：What can I do？（我能够做什么？）这个问题的目的是引导大学生清楚自己能干什么或哪些方面可能有发展的潜力，是对自己能力的考量。如果说个人职业的定位必须以自身的实力、能力作为根基，那么职业发展空间则取决于自身潜力的大小。除了要考虑个人的性格和特长等因素，对自身潜在能力的分析和预测也十分重要。职业的成功依赖于个人的能力，但职业发展的空间往往受个人潜力的限制。通过对潜能的考察，可以进一步缩小职业决策的目标范围。

问题 4：What can support me？（环境支持或允许我做什么？）这个问题的目的是引导大学生思考周围的环境资源哪些有利于自己的发展，可以从政治环境、经济环境、法制环境、科技环境、文化环境、朋友关系、社会人脉等方面进行综合考量。

问题 5：What can I be in the end？（我最终的职业目标是什么？）这个问题的目的是引导大学生通过对前 4 个问题的思考，形成一个可行的职业生涯目标，以此来指引职业生涯规划的实施，从而确立个人职业生涯发展的最佳方向。

（二）职业生涯决策的步骤

大学生职业选择决策的具体过程主要是在自我认知、职业认知的基础上，通过分析专业、职业选择、职业定位、行业与职业外部环境需求与机遇等问题，面对外部客观职业世界的需要，知道自己的职业发展乃至人生发展的需要，最后做出决策的过程。

1. 界定问题

界定问题即认识自我的过程，明确自己想要什么，自己对此存在哪些优势与不足，在此基础上制订出明确的目标和实现目标的时间表。在这一步，大学生应注重激发自我职业决策意识。只有当个人自觉意识到职业决策的重要意义时才不会人云亦云，并且这种意识的培养必须从大学低年级开始。大一年级学生对于职业发展前景的信息常常存在一定的盲目性和不完备性。这就要求学生应该根据自身特点，包括身体、心理、兴趣及能力等各个方面特点，尽早确定职业方向。

大学生还要注重参加学校组织的相关课程指导的学习，通过课堂学习、生涯人物访谈、职业实践认知等方面的锻炼加深对所学专业的了解；通过与专业教师的交流来了解本专业的职业定位，使自己的所学与社会职业相联系，并通过社会实践活动和职业实习真实地参与相应的职业活动，获得更多的工作经验，从而激发自我主动思考职业，提高职业决策的意识和决策能力。

2. 拟订行动计划

拟订行动计划即收集与目标或目的有关的信息资料，在明确自己需求目标的基础上，思考可能达到目标的各种行动方案，并规划达成目标的流程。

在这一步要注意直面一定会存在的"决策风险"。决策风险是指在决策活动中，由于主、客体等多种不确定因素的存在，而导致决策活动不能达到预期目的的可能性及其后果。如何降低决策风险，减少决策失误，是大学生在职业生涯规划时要考虑的主要问题之一。同样在生涯决策中，也存在着一定风险，既不能因为怕承担风险而迟迟不做出决定，也不能因为总会有风险而莽撞地做出决定。

3. 澄清价值

澄清价值即界定个人的选择标准，明确自己最想要的是什么，以此作为评量各项方案的依据。

4. 找出可能的选择

找出可能的选择，即广泛收集资料，估算个人对于每个行动方案的喜好程度。在这一步，大学生应及时完整地收集有关职业决策和职业发展的信息，从而充分认识职业社会，还必须意识到职业决策是一个循环过程，它贯穿于整个在校学习期间。

5. 评估各种可能的选择

评估各种可能的选择即依据自己的选择标准和评分标准，逐一评价各种可能的选择，选择其中的一个方案执行。在这一步要注意通过信息收集、自我评估及实际的规划制订过程来不断检验，从而对于决策结果及时做出调整。

6. 为决策做减法

为决策做减法即要有系统地删除不适合的方案，选择其中的最佳方案。在这一步，大学生需要注意加强自身心理素质的培养，要养成乐观开朗、积极向上的生活态度。在学习生活中应注意自身压力的排解，积极参加集体活动，加强与同学的交流；自己在生活中不能处理的问题或矛盾应及时与家长或老师沟通。尤其在职业规划过程中应敢于发现自己的问题，并向老师、家长寻求帮助。

7. 开始行动

开始执行行动方案，以达成选定的职业目标。如若没有成功则可继续调整，采用其他可行的办法，做到随机应变。在这一步，要注意以下三点：

（1）对于特定的职业生涯决策困难学会妥协。职业抱负发展理论认为职业抱负发展经历两个过程：范围限定和妥协。所谓范围限定，就是一个从可能的职业范围中逐渐去除不可接受的工作，从而建立"可接受领域"的过程，即从所处文化允许的范围内开辟出一个可选空间的过程。所以职业选择考虑的首先应是社会，然后才是心理自我。妥协则是个体放弃他们最为优先考虑的选项的过程，是调整自己的期望以适应外在现实的过程。所以从某种意义上说，能够妥协是职业成熟的表现。

建议大学生有准备地在三个方面进行职业妥协：发展机会、人职匹配和社会期望。有研究表明在职业妥协的这三个方面，人职匹配对工作投入的负面影响最大，其次是发展机会的妥协，而社会期望妥协不会对工作投入产生显著影响。因而建议在进行职业决策时，应该首先考虑职业与自身的兴趣、技能和知识等的匹配程度，其次考虑工作未来的发展机会，他人和社会的看法只作为参考。从妥协的角度来说，建议最先妥协他人和社会的看法，其次是工作未来的发展机会，最后是人职匹配。

对于大学生来说，有的人在职业妥协时显得很不理性，盲目听从他人观点，或者绝不妥协。这些不理性的妥协行为会影响个人的职业发展。但是需要注意的是，也不是每个人都要按照固定的顺序来进行职业妥协，而是应该根据自己的实际情况，选择最适合自己、最适合当下的方式。

（2）勇于为自己的选择负责任。大部分的决策都不可能让我们了解到全部信息，都有需要预测的部分，都具有不确定性和风险。因此，做决策就意味着要承担风险，要承担后果，为自己的选择负责任。

如果同学们是凡事求稳妥的人，则建议给自己设定一个底线，在有底线的基础上去冒险。

（3）要学会应对未知的焦虑。在生涯决策的过程中，有很多时候会面临未知，人面对未知的世界难免会产生焦虑，这种焦虑是很正常的。例如决定要考研，但不确定自己是否能考上，就需要积极面对自身的焦虑。如果这种焦虑已经影响到正常生活和学习，那么就需要专业求助。

第二节　大学生职业生涯规划的制订步骤

"职业生涯发展始终伴随人的成长，需要长期的探索实践，在漫长过程中需要持之以恒的决心和不畏艰难的精神，需要心甘情愿地持续投入、不断追求。"[①] 大学生职业生涯的设计和实施，一般要经过职业定向、自我评估、环境分析、目标选择、职业定位、路径预设、策略筹划、计划制订和反馈调整等阶段，要设计一份完整科学的职业生涯规划要认真把握好这些环节。

一、职业定向

方向是事业成功的基本前提，没有方向，事业的成功也就无从谈起。立志向是人生的起点，反映着一个人的理想、胸怀、情趣和价值观，影响着一个人的奋斗目标及成就的大小。我国传统文化十分重视立志在成材中的作用。因为志向、理想是人生指路的明灯，它指引前进的方向，有了目标和方向，才不至于迷途，才能动员一切力量和勇气去与艰难困苦作斗争，不达目的决不罢休。

二、自我评估

客观认识自我是制订职业规划的基础，自我评估包括：对职业生涯发展的认识，对自己需要、价值观的认识，对自己兴趣的认识，对自己能力的评估，对自己性格的评估，对自己教育和培训经历的认识，对其他因素的认识等。

认识自我，是个人成熟度的反映。只有认识自己，才能对自己的职业方向做出正确的选择，才能对自己的职业目标做出恰当设定，才能选定适合自己发展的职业生涯途径。

对自我的各方面进行评估有两种方法：经验法和职业测评法。

经验法是指在人际交往中或依据过去活动成果由他人或本人对自己进行主观的分析和评价。

职业测评是心理测验在职业心理测评上的具体运用。职业测评的基本特点就是针对评价目标，通过定性、定量的方式对人的能力、个性等基本素质进行测试、分析和评价。它能够深入了解人本身的特质，能够发现许多其他方法难以考察的信息，比其他方法更具有

[①]李晓波．大学生职业生涯规划［M］．镇江：江苏大学出版社，2019：14.

客观性。更多的定量化使所测内容更精确，且具有较好的可比性，能在较短的时间内提供人才的某些重要才能和心理素质的比较信息，提高人才评价的准确性和客观性，而且可信度高，操作比较简便。

通过测评，可以帮助职业测评参测者根据自己的性格、能力来确定自己的职业生涯发展规划；帮助参测者确定职业目标，尽可能地发挥出自己最大的潜能；多角度专业化的职业测评，可以帮助测评者提高个人的工作技能，提高自己的职场竞争力；用人单位也可以应用职业测评报告结果实行人岗匹配，达到企业和个人的利益最大化。

三、环境分析

对就业环境做出深刻透彻的分析和判断是设计好职业生涯的重要前提。分析环境需要重点考虑以下因素：

第一，社会因素，即拟选职业在社会中的地位，有无广阔的发展空间，以及人们对该职业的普遍评价等。

第二，政策因素，各级政府对拟选职业所处领域的政策导向，是鼓励、扶持，还是限制、压缩；政策也包括国家的就业政策，凡是政策引导的行业，都是急需人才，容易做出成就和贡献。

第三，经济因素，即经济发展的速度趋势，对拟选职业带来的影响，以及拟选职业对经济发展的作用等等。

第四，地域因素，即拟选职业所在地区的特征与要求，如东南沿海等发达地区经济待遇较高，但人才竞争更为激烈；西部人才相对缺乏，有利于才能发挥和成长进步，但工作、生活条件不如东部。

第五，文化因素，包括该单位的主流理念、人际环境、运行机制、人才构成等，这些因素对以后职业生涯的发展影响也是很大的。

分析职业环境可通过多种途径，尽可能全面、详尽，以帮助自己做出切合实际的判断。注意多了解新闻媒体信息，多听专家介绍评价，多向老师咨询请教，以及多找业内人士参谋建议等。

四、目标选择

职业发展目标是指期望在职业发展道路上达到一个什么样的位置，简单地说就是做到什么职位。职业发展目标的设定，是职业生涯规划的核心。一个人事业的成败，很大程度上取决于有无正确适当的目标。职业发展目标是以自己的最佳才能、最佳性格、最大兴趣、最有利的环境等信息为依据而设定的。通常可分为短期目标、中期目标、长期目标和人生目标。短期目标一般为3~5年，长期目标一般为5~10年。

在制订职业目标时，应注意职业目标的"三化"原则，即目标的明确化、目标的聪明化、目标的最优化。①目标的明确化：在职业生涯规划的初期，我们只有制订了明确的目标以后才能沿着已经设定的目标不断前进。②目标的聪明化：尽管设定了自己的职业生涯目标，但是，并不是所有的目标都能变成现实，聪明的目标才有可操作性。③目标的最优化：职业发展目标是以自己的最佳本能、最优性格、最大兴趣、最有利的环境等信息为依据而设定的。

确定合理的择业目标是职业生涯设计的核心，其他活动都是围绕这个核心展开的。有了对自我和环境深刻的分析和清醒的认识，做到了知彼知己，选择职业意向就是理智而不是盲目的。在做具体选择时，有以下原则可供参鉴：

第一，"择世所需"，选择国家鼓励、社会需要、发展前景广阔、利于做出较大贡献的职业和岗位。

第二，"择己所长"，选择与自己的专业、特长、优势较吻合的领域。

第三，"择己所爱"，选择与自身优势相结合，又是自己的兴趣所在的职业和岗位。

第四，"择己所利"，选择最利于自我发展，包括经济待遇、进步空间、学习机会、工作条件的岗位。

当然，职业目标的确定是很慎重的事，综合分析各种因素后，可先在较为理想的区域内划定"目标区"，再在目标区内选择最中意的岗位。这样，即使将来现实的情况不能完全如愿，适当调整也不至于偏离太远。

五、职业定位

职业定位就是要为职业目标与自己的潜能以及主客观条件谋求最佳匹配。良好的职业定位是以自己的最佳才能、最优性格、最大兴趣、最有利的环境等信息为依据的。职业定位过程中要考虑性格与职业的匹配、兴趣与职业的匹配、特长与职业的匹配、专业与职业的匹配等。职业定位应注意四个方面：①依据客观现实，考虑个人与社会、单位的关系；②比较鉴别，比较职业的条件、要求、性质与自身条件的匹配情况，选择条件更合适、更符合自己特长、更感兴趣、经过努力能很快胜任、有发展前途的职业；③扬长避短，看主要方面，不要追求完美的职业；④审时度势，及时调整，要根据情况的变化及时调整择业目标，不能固执己见，一成不变。

定位是自我定位和社会定位两者的统一，一个人只有在了解自己和了解职业的基础上才能够给自己做准确定位。①了解自己：主要是核心价值观念、动力系统、个性特点、天赋能力、缺陷等。可以自我探索，可以请他人做评价，可以借助心理测验以充分了解自己。②了解职业：包括职业的工作内容、知识要求、技能要求、经验要求、性格要求、工作环境、工作角色等。③了解自己和职业要求的差距，需要仔细地比较各个方面要求的差距。人可能会有多种职业目标，但是每个目标带来的好处和弊端不同，需要根据自己的特点仔细地权衡，选择不同目标的利弊得失，还要根据自己的现实条件确定达到目标的方案。

其实定位不是静态的，而是动态的事情。当自我发生重大变化和外部环境发生重大变化的时候，都需要重新定位。人们担心定位会让自己受到限制，其实定位并不是确定一个固定的位置，而是确定和目标的距离。可以确定多种目标，只是知道自己距离各种目标的远近程度，要知道达到目标需要怎样的努力。

六、路径预设

选择了职业生涯发展目标以后，还应该选择达到这一目标的职业生涯路线。职业生涯路线是指一个人选定职业后从什么方向实现自己的职业目标。职业目标确定后，向哪一条路线发展，此时要做出选择。由于发展路线不同，对职业发展的要求也不相同。因此，在职业生涯规划中，必须做出最适合自己的抉择，以便使自己的学习、工作以及各种行动措施沿着自己的职业生涯路线或预定的方向前进。

职业生涯路线的选择取决于三个要素：想、能、可以。这三个要素的基本含义是：①我想往哪个路线发展？②我能往哪个路线发展？③我可以往哪个路线发展？

第一个要素，是通过对自己兴趣、价值观、理想、成就动机等因素的分析，确定自己的目标取向，即自己的志向是在哪个方面，自己非常希望走哪一条路线，这是一个人的兴趣问题。

第二个要素，是通过对自己的性格、特长、智能、技能、情商、学识和经历等因素的分析，确定自己的能力取向，即自己能向哪一条路线发展，这是一个人的特质问题。

第三个要素，是通过对当前及未来的组织环境和社会环境等微宏观因素的分析，确定自己的机会取向，即内外部环境是否允许自己走这一条路线，是否有发展机会，这是环境条件问题。

以上三个要素是相互联系，缺一不可的。因此，在确定自己的职业生涯路线时，必须综合分析和考虑这三个要素。

七、策略筹划

有效的生涯设计也需要有确实能够执行的生涯策略方案，这些具体且可行性较强的策略方案会帮助自己一步步走向成功，实现目标。根据个体的现实差异，可以选择的有效策略多种多样，大致可以分为以下三类：

第一，一步到位型。针对在现有条件下可以达成的职业目标，动用现有资源很快实现。比如希望成为机电技师，就可直接进入机电方面的企业而一步到位。

第二，多步趋近型。对于那些目前无法实现的目标。先选择一个与目标相对接近的职业，然后逐步趋近，以达成自己的理想目标。比如，想做企业老板，但目前没有足够的资本，因此先给别人打工，以积累资源。

第三，从业期待型。在自己无法实现理想目标，也没有相近的职业可以选择的情况下，先选择一个职业投入工作，等待机会，以实现自己的理想目标。比如，自己想去外企发展，但由于技术和经验达不到外企的要求，这时可先进入一家民营企业学习技术和积累经验，等达到外企的要求后再寻求发展。

制订切实可行的策略，是实现职业目标重要的保证。落实目标的策略应有针对性。思想道德素质、专业知识素质、综合技能素质、身体心理素质是未来职业素质的主要选项，大学生制订职业生涯规划，应瞄准这些素质标准，一一安排锻炼提高的具体方法，提高职业素质并非单指专业知识素质，其他三项也很重要。

各项策略和措施，都应落实到具体的时段内，及时回顾、评价，持之以恒，切不可断断续续，一曝十寒，不断反思提高的过程也是一步一步走向理想工作岗位的过程。

八、反馈调整

在行动的过程中，需要通过不断地评估和反馈来检验和评价行动的效果。职业生涯规划也需要经由实践的检验而不断完善。在进行职业生涯规划时，由于每个人自身和外部环境的不同，对未来目标的设定也就有所不同，一个人不可能对外部环境了如指掌，也不可能完全了解自己的所有潜能，这就需要我们在职业发展道路上，根据自身因素和外部环境的变化以及实施过程中所得到的各种反馈信息，不断地对职业生涯计划进行调整。职业的重新选择、实现目标的时限改变、职业生涯策略和路线甚至整个职业生涯目标的调整，都属于修正范畴。反馈与修正的目的，是为了纠正最终目标与阶段职业目标的偏差，保证职业生涯规划的有效性，使通向最终目标的职业生涯道路一路畅通，更快更好地实现自己的人生目标。

影响职业生涯规划的因素很多，除了个人自我认识的偏差之外，还有许多外界环境因素。其中有的因素是可以预测的，有的则无法预测；有的因素是可控的，有的则不可控。这就要求我们必须根据实际情况的发展变化而不断地对职业生涯计划进行评估和修正。

客观环境是不断变化的，职业目标适时做出一定的调整，不仅正常而且也是必要的。一份完备的职业生涯设计，应包含"了解社会，适当调整"的内容，关注社会与职业的发展信息，联系预先的选择，分析思考，听取专家、教师、家庭的意见、建议，综合深思后做出判断调整，指向最好在预定目标区内，这样可避免大的转折。如系重大调整，如在就业、深造、创业之间变更选择，则当慎之又慎。

无论目标作何调整，持之以恒的努力不能中断，许多综合素质，是无论从事什么职业都必须具备的。

第三节　大学生职业生涯规划书的拟定

一、大学生职业生涯规划书的内容

职业生涯规划书的实质是职业生涯规划的书面化和具体化，因而其基本内容应能体现职业生涯规划的一般过程，还要包括知己——认识自我，知彼——认识环境，定位与决策——对可能的职业目标和职业路径做出分析和选择，行动——制订具体可行的行动计划等几大部分。具体来说，职业生涯规划书主要由以下部分组成：

第一，扉页。扉页包括题目、姓名及基本情况介绍等。

第二，职业方向及总体目标。这是职业生涯规划的纲领，因而是制订职业生涯规划的关键。通常目标有短期目标、中期目标、长期目标和人生目标之分。长期目标则需要个人经过长期艰苦努力、不懈奋斗才有可能实现，确立长期目标时要立足现实、慎重选择、全面考虑，使之既有现实性又有前瞻性。短期目标更具体，对人的影响也更直接，是长期目标的组成部分。

第三，自我分析评价。一个有效的职业生涯设计必须在充分且准确认识自身条件与相关环境的基础上进行。要审视自己、认识自己、了解自己，做好自我评估，包括自己的爱好、特长、性格、学识、技能、智商、情商、思维方式、潜力等，即要弄清自己想做什么、自己能做什么、自己应该做什么、在众多的职业面前会选择什么等。

第四，环境分析。职业生涯规划要充分认识与了解相关的环境，评估环境因素对自己职业生涯发展的影响，分析环境条件的特点、发展变化情况，掌握环境因素的优势与限制。了解本专业、本行业的地位、形势以及发展趋势。

第五，行动策略。行动策略就是要制订实现职业生涯目标的行动方案，要有具体的措施来保证。没有行动，职业目标只能是一种梦想。要制订周详的行动方案，更要去落实这一行动方案。行动方案的制订可以围绕短期目标、中期目标等阶段大学生职业生涯规划与就业指导性目标的实现而展开。

第六，评估与反馈。职业生涯规划要帮助个人了解自己，对自身的能力、潜力进行正确的评估，并明确发展的预期目标，将自身条件、发展潜能、发展方向与环境给予的机遇和挑战相比较，最终达到"觉醒"。同时，通过业绩评估和其他评价，明确自身的知识水平、管理能力、专业能力等各方面的状况，通过潜能评估发现未来的潜力。

二、大学生职业生涯规划书的写作方法

"制订职业生涯规划书的过程就是个人根据自身特质和客观环境的综合分析，确定自己的职业发展目标，并按一定的时间安排制订相应的工作、培训、教育等行动计划的过程。"① 每个人可以根据自己的实际情况来撰写具有个人特色的职业生涯规划书。但总的来说，职业生涯规划书的写作方法是大同小异、有章可循的。撰写职业生涯规划书的过程，实际上就是职业生涯设计的过程。

（一）目标定位

在进行职业定位时应注重以下方面：

第一，依据客观现实，考虑个人与社会、企业的关系。

第二，比较鉴别，比较职业的条件、要求、性质与自身条件的匹配情况，选择符合自己的特长、自己更感兴趣、经过努力能很快胜任、有发展前途的职业。

第三，扬长避短，看主要方面，不要追求十全十美的职业。

第四，审时度势，及时调整，要根据情况的变化及时调整择业目标，不能固执己见，一成不变。在这一环节，也可以记录对自己职业生涯影响最大的一些人的建议。

（二）目标分解与组合

在形成目标定位后，就要为实现目标寻找发展策略和发展路径，即确定自己的生涯路

---

① 简冬秋，许继勇. 大学生职业生涯规划与就业指导 ［M］. 镇江：江苏大学出版社，2018：72.

线。在实施时可将人生总的目标定位分解为若干个小的目标，并在特定发展阶段对生活学习等各方面的目标进行排列组合。这一环节的实质是要明确自身现实状况与要实现的目标之间的差距，找到缩小差距的方法，并形成初步方案。

（三）制订行动计划

行动计划即目标实现策略，就是通过各种积极的具体措施与行动去争取职业生涯目标的实现。也就是说，在职业生涯规划书中，对如何实现自己的职业生涯发展目标，制订一个比较详细而又切实可行的行动计划和策略方案。

（四）建立评估反馈机制

职业生涯规划是个动态的过程，在职业生涯规划过程中要根据实际情况自觉地总结经验和教训，修正对自我的认知和对最终职业生涯目标的界定。这是职业生涯规划不至于虎头蛇尾的保障。职业生涯规划书也应该体现这种评估与反馈机制，主要包括以下方面：

第一，规定评估内容：自我认知评估、职业目标评估、职业路径评估、行动计划评估等。

第二，根据实际情况设定评估时间和评估周期。

第三，评估出现或可能出现的危险因素以及相应的调整、修正和备选方案。

三、大学生职业生涯规划书的常见格式

第一，表格式。表格式的规划书为不完整的职业生涯规划书，常常仅写有最简单的目标、分段实现时间、职业机会评估和发展策略等几个项目，有的只相当于一份完整的职业生涯规划书的计划实施方案表，适合日常警示使用。还有的相当于职业生涯目标列表。

第二，条列式。条列式的规划书具有职业生涯的主要内容，多作简单的表述，没有详细的材料分析和评估。文字简练，但逻辑性和说理性不强。

第三，复合式。复合式就是表格式和条列式的综合，有的职业生涯规划书把部分模块的内容表格化，表格内容比较具体。

第四，论文式。一份优秀的论文格式的职业生涯规划书能够对一个人职业生涯规划做全面、详细的分析和表述，是最清晰的职业生涯规划书。

四、大学生职业生涯规划书的撰写要求

一份好的职业生涯规划书应能满足以下基本要求：

第一，资料翔实，步骤齐全。收集资料有多种途径，可以通过访谈、报刊图书中摘抄、上网下载等方式获取资料，要尽可能注明资料的出处，并多运用图表数据来说明问题，以提高资料来源的可信度和说服力，步骤主要分为四步：①分析需求，分析条件及目标设定；②分析阻碍和可行性研究；③设计方案和提出（改变）计划；④制订详细的实施计划和措施。

第二，论证有据，分析到位。要了解有关的测评理论及知识，认真审视并思考自己的测评报告并对照自我认识与测评结果的异同，分析与测评结果形成差距的原因，从而确定自我评估结果，达到"知己"。要理清自己所处的环境（包括居住的地方、喜欢的地方、亲朋的意见等），明确自己的最大兴趣、最喜欢与之共事的人的类型、最重视的价值与目标、最喜欢的工作条件，再通过当前环境评估（社会影响、家庭影响、学校因素、就业形势等）和当前社会环境分析（组织环境分析、技术的发展、经济的兴衰、政策法规的影响等）来确定自己的职业方向，做到说理有据，层层深入。

第三，言简意赅、逻辑严密。语言朴实简洁，用词精练准确，行文流畅，条理清楚，这是最基本的写作要求。撰写时还应密切注意整篇文章的结构和重心之所在。职业生涯规划书一般包含对职业规划的认识、对自我的剖析、对所学专业的认识、对职业方向的探索及确定目标并制订计划这五方面的内容。在对这些内容进行分析阐述时，必须紧紧围绕职业目标这条主线来展开，从而体现文章论述的逻辑性和连贯性，要将重点放在自我评估、环境评估、目标实施上。职业生涯规划是对自己将来的规划，这个规划只有建立在对自我和职业充分认识的基础上才能体现出它的科学性和可行性。

第四，目标明确，合理适中。撰写职业生涯规划书应围绕论述的中心展开，职业生涯目标不能过于理想化，应"择己所爱""择己所长""择世所需""择己所利"。职业生涯规划书撰写是否成功，在很大程度上取决于有无正确适当、切实可行的目标。

第五，分解合理，措施具体。目标分解、实现路径选择要有理论依据，而且备用路径之间要有内在联系性。目标组合要注意时间上的并进、连续，功能上的因果、互补作用，全方位的组合要涵盖职业生涯、家庭生涯、个人事务等方面。

第六，格式清晰，图文并茂。做到内容完整、格式清晰、版面美观大方、创意新颖，文如其人，没有错别字。

第三章　大学生就业分析与信息收集

第一节　大学生就业形势分析

大学毕业生的就业问题一直是存在于社会热点中的难点问题，"随着高新技术企业的飞速发展，对高新技术人才的需求量也将大大增加。而传统专业人才则面临着转型升级"①，这为大学毕业生的就业带来了前所未有的新挑战。

一、经济发展速度放缓

经济发展新常态一个最直接的表现就是经济发展速度放缓，整个市场的就业需求总量减少，甚至出现负增长的趋势，这就导致了失业率的不断上升，大学生的就业水平和就业率也就随之下降。另外，大学生的数量却在不断增加。随着我国高等教育普及化，高等教育院校不断进行扩招，学生数量不断增加，这也就导致了毕业生的数量也随之增加，有就业需求的毕业生呈现了明显快速的上升趋势。劳动力需求量的减少和大学毕业生数量增加的矛盾日益突出，导致在相当长一段时间内大学生的就业形势不容乐观。

二、经济发展结构优化

经济发展新常态下，我国的经济发展也在寻求经济结构的优化升级，第三产业即将成为我国经济发展结构中的主体产业，同时也成为劳动力需求最大的行业。但是第三产业的行业或者说企业主要以民营企业为主，大部分大学生认为这种企业形式规模不会很大，并且稳定性和薪资及福利待遇与国有企业或者所谓的"编制"的工作之间有一定的差距。更多的大学生将就业目光放在了国有企业或者公务员这种"编制"中的工作岗位中。但是公务员或者国有企业的劳动力需求量毕竟有限，也就导致大量的大学生就业出现困难。随着经济结构的不断优化和改革的不断深化，第三产业的发展也逐渐繁荣，企业发展的扩大对

---

①胡钟华，竺照轩. 大学生就业指导［M］. 北京：机械工业出版社，2020：2.

于劳动力的需求也会扩大，就业岗位和招聘企业数量也随之大幅度增加，但是这与大学生的理想岗位有一定的出入，也就出现了目前就业市场中存在的问题，即企业高薪招聘，毕业生万里寻职，"就业难"和"用工荒"这种就业结构性的矛盾持续加剧，而造成大学生这一种就业心态的原因主要是由于大学教育培养体系与社会脱节，人才培养目标、专业课程设置和培养体系都与目前社会经济发展新形势相脱离，专业学科设置并不符合社会生产的实际需求，导致了大学生学非所用、学无致用的尴尬场面。

另外，大学课程中过于注重专业知识的教育，并没有对大学生进行就业指导、就业形势分析、就业心理调整等教育工作，也就造成了大学生就业预期与社会现实并不相符，大学生就业预期心理调整等难以到位，大学生的眼高手低情况普遍存在。也正因为大学人才培养的现实脱节问题，很大程度上致使大学生就业的结构性矛盾，出现毕业生的一岗难求与招聘者的一人难寻的现象。

三、生产动力调整

经济发展新常态的条件下，经济发展的动力由劳动要素驱动、投资驱动转向创新型驱动，这对大学生的就业需求和业务能力提出了新的要求。目前的大学人才培养规划大同小异，各高校同一个专业的毕业生差异性很小，缺乏突出的特点。另外，高校教育中的学科设置更加偏向于理论知识而轻视了实践技能，学生的创造力和创新能力难以适应目前经济结构的新要求。创新力驱动作为新常态下经济发展中最核心的特点，技术创新、组织创新、经营方式创新、产品创新等创新需求引导行业和企业对大学生的素质提出更加高标准的要求。包含了环境适应能力、创造性和创新性思维能力、情感共鸣和交流能力以及持续学习、不断突破自己的能力。未来社会经济的发展趋势中，人工智能等技术逐渐代替了人工的工作形式，对大学生的就业带来更为严重的冲击，也会加重大学生就业的困难程度，市场中优胜劣汰的条件与门槛越来越高，对大学生所需要具备的素质要求也就越来越高。

第二节　大学生就业类型及政策

就业政策是国家在一定的历史条件和阶段下，为促进经济发展和社会进步，创造劳动者就业条件，扩大就业机会所制定的行为准则，它包括就业指导思想、管理体制、指导原则、就业范围和渠道及相关的具体规定等。只有全面了解国家就业政策，增强自主择业意识，主动地面向社会主义经济人才需求的市场，按照供需见面、双向选择和市场竞争的原则，才能顺利就业。

一、到西部、基层与艰苦地区工作

我国为到西部、基层和条件艰苦地区工作的高校毕业生制定了一些优惠政策。

第一，对原籍在中、东部地区而去西部工作的高校毕业生，实行来去自由的政策，根据本人意愿，户口可迁到工作地区，也可迁回原籍，由政府主管部门所属的人才交流机构提供免费的人事代理服务；到西部贫困边远地区工作的高校毕业生可以提前定级，并根据实际情况适当提高工资标准。党团组织关系转至就业单位，在工作期间积极要求入党的，由乡镇一级党组织按规定程序办理。人力资源和社会保障部还要求各地积极引导高校毕业生进入国有大中型骨干企业及承担国家重点工程、项目的单位。

第二，各级政府为高校毕业生创造工作条件，主要充实城市社区和农村乡镇基层单位，从事教育、卫生、公安、农技、扶贫和其他社会公益事业。在艰苦地区工作两年或两年以上者，报考研究生的，应优先予以推荐、录取；报考党政机关和应聘国有企事业单位的，在同等条件下应优先录用。

第三，实施"大学生志愿服务西部计划"和"支—扶"计划。从高校毕业生中招募志愿者，到西部贫困县的乡镇一级教育、卫生、农技、扶贫等单位服务 1~2 年，工作期间给予一定的生活、交通补贴。

第四，实施"农村义务教育阶段学校教师特设岗位计划"。"农村义务教育阶段学校教师特设岗位计划"在西部 11 个省（自治区、直辖市）及纳入国家西部开发计划的湖北、海南省部分"两基"攻坚县和新疆生产建设兵团的部分团场实施。特岗教师在中小学现有编制内实行聘任制，公开招聘、择优录用、合同管理。特岗教师也享受"三支一扶"有关优惠政策。

二、到非公有制单位就业

我国为了鼓励大学毕业生到非公有制企业就业，特别制定了一些优惠政策。

第一，到非公有制单位就业的高校毕业生，公安机关将积极放宽建立集体户口的审批条件，及时、便捷地为其办理落户手续。

第二，用人单位将按照国家有关规定与所聘高校毕业生签订劳动合同，为其办理社会保险手续，缴纳社会保险费，保障其合法权益。

第三，劳动、人事部门所属人才服务机构将为到非公有制单位就业的高校毕业生提供集体户口、人事代理、存放人事关系等服务。同时还为这些毕业生提供人事关系接转、人事档案管理、转正定级、党团关系、专业技术职务任职资格申报评审、社会保险金缴纳等服务，实行全方位的人事代理服务，消除到非公有制单位就业的高校毕业生的后顾之忧。

第四，对于以非全日制、临时性和弹性工作等灵活形式就业及到个体、私营等非公有制经济组织中就业的高校毕业生，将按照有关规定，在工资支付、社会保险、劳动争议处理等方面维护其合法权益。

三、大学生应征入伍

保家卫国是每位公民的职责，为了鼓励大学生到部队去学习锻炼，去保卫神圣的疆土，大学生应征入伍可享受多项优惠政策。

第一，优先报名应征。报名由县级兵役机关直接办理。夏秋季征兵开始前，县级兵役机关通知其报名时间、地点、注意事项等。确定为预征对象的高校毕业生，可持"应届毕业生预征对象登记表"直接到学校所在地或户籍所在地县级兵役机关报名应征。

第二，优先体检、政审。体检由县级兵役机关直接办理。夏秋季征兵体检前，县级兵役机关通知其体检时间、地点、注意事项等。确定为预征对象的高校毕业生，未能在规定时间内在学校参加体检的，可持"应届毕业生预征对象登记表"在征兵体检时间内报名直接参加体检。

第三，优先审批定兵。审批定兵时，应当优先批准体检、政审合格的应届毕业生入伍，应届毕业生定兵后，再批准其他合格人员入伍。院校应届毕业生合格人数较多，征集指标无法满足的地区，由上一级兵役机关统一调整，尽可能保证合格的应届毕业生特别是农村户口的应届毕业生能够参军入伍；上一级兵役机关调整确实有困难的，应当优先批准学历高的应届毕业生入伍。在县（市、区）范围内，合格的农村户口应届毕业生预征对象未全部批准入伍前，不得批准往届毕业生和高中学历青年入伍。

第四，优先选拔使用。在安排兵员去向时，县级兵役机关要根据应届毕业生的学历、专业和个人特长，充分考虑教育部门、学校和本人意愿，优先安排到军兵种或专业技术要求高的部队服役；部队对征集入伍的应届毕业生，应当充分考虑其学历和专业水平，优先安排到适合的岗位，充分发挥其专长。同等条件下，高校毕业生士兵在选取士官、考军校、安排到技术岗位等方面优先；具有普通本科学历、取得相应学位的高校毕业生士兵，表现优秀、符合有关规定的可按计划直接选拔为基层干部。

第五，学费补偿和助学贷款代偿。对应征入伍的普通高校应届毕业生，由中央财政实施相应的学费补偿和国家助学贷款代偿。具体实施办法按照财政部、教育部、原总参谋部有关规定执行。高校翌年毕业的毕业班学生报名应征入伍时，应按规定填写打印"应届毕业生预征对象登记表"和"应征入伍高校毕业生补偿学费代偿国家助学贷款申请表"，被批准入伍后，其申请表原件和入伍通知书复印件由本人所在学校的学生资助管理中心留存。在第二年取得毕业证书后，按照应征入伍服义务兵役高等学校毕业生学费补偿国家助学贷款代偿有关办法，作为应届毕业生实施学费补偿和国家助学贷款代偿。

第六，退役后享受升学考学就业优惠政策。应征入伍的高校毕业生退役后报考政法干警招录培养体制改革试点招生时，教育考试笔试成绩总分加 10 分。退役后 3 年内参加硕士研究生考试的初试总分加 10 分，立二等功及以上的，免试推荐入读硕士研究生；具有高职（专科）学历的，退役后免试入读成人本科或经过一定考核，入读普通本科。

被批准入伍的各级各类学校应届毕业生（含翌年毕业的毕业班学生）退出现役后，由入学前户籍所在地按照国家有关安置政策接收安置。

入伍的高校应届毕业生和翌年毕业班学生退出现役后 1 年内，可参照普通高等学校应届毕业生凭用人单位录（聘）用手续，向就读高校再次申请办理就业报到证。各地公安部门依据退出现役高校毕业生所持的"全国普通高等学校毕业生就业报到证"，为其办理从原籍到工作所在地的户口迁移手续。直辖市按照有关规定执行。

未能入伍的高校应届毕业生预征对象，可根据有关规定，向原就读学校申请办理就业改派手续，毕业生就业地公安部门凭毕业生所持的"全国普通高等学校毕业生就业报到证"为其办理户口迁移手续。直辖市按照有关规定执行。

四、重大科研项目选聘大学生

"总体来说，大学毕业生具有较高的人力资本水平，是劳动力市场上的优势群体。"[1]大学生是拥有专业知识的群体，应当发挥自己的聪明才智，为社会的进步贡献力量。一些科研院校和相关部门可以从大学毕业生中挑选优秀的毕业生参加科研活动。

第一，积极聘用优秀高校毕业生参与国家和地方重大科研项目。高校毕业生在参与项目研究期间享受劳务性费用和有关社会保险补助，户口、档案可存放在项目单位所在地或入学前家庭所在地的人才交流中心；聘用期满，可续聘或到其他岗位就业，就业后工龄与参与项目研究期间的工作时间合并计算，社会保险缴费年限连续计算。

第二，服务协议期满后的就业。协议期满，如果项目承担单位无意续聘，则毕业生将到其他岗位就业。同时，国家鼓励项目承担单位在正式聘用（招用）人员时，优先聘用担任过研究助理的人员。

---

[1]赵天睿，白洪涛，司卫乐.大学生就业指导［M］.长沙：湖南师范大学出版社，2018：3.

第三，正式录（聘）用后落户手续与工龄接续。担任过研究助理的人员被正式聘用（招用）后，按照有关规定，凭用人单位录（聘）用手续、劳动合同和"普通高等学校毕业证书"办理落户手续；工龄与参与项目研究期间的工作时间合并计算，社会保险缴费年限合并计算。

五、大学生自主创业

大学生自主创业属于狭义上的"创业"，可以定义为，包括创造价值在内的，创建并经营一家新的营利性企业（如公司、中介服务机构、创意产业等）的过程。大学毕业生创业者发现机会（商机）、整合资源、开办企业这类个人色彩较浓、个体（团队）要素和行为较强，最终实现自己创业目的的一系列创业活动，是毕业生一种新的就业途径。毕业生通过科技创新、社会服务或发挥在某一方面的特长，利用所学知识，自己或与他人合伙创办公司，不仅可以解决自身的就业问题，同时也可以为他人创造就业机会。

国家和地方政府积极支持和鼓励毕业生自主创业。中央和地方密集出台了多项鼓励支持创业的政策，在环境优化、创业服务、资金支持、能力培养等方面加大了支持力度，为毕业生的自主创业创造条件。在公共就业服务方面，服务手段不断丰富、服务内容不断扩展、服务效果更加明显。党的十九大报告还明确提出，要提供全方位公共就业服务，促进高校毕业生等青年群体、农民工多渠道就业创业。

按照国务院关于做好全国普通高等学校毕业生就业工作相关文件的规定，高校毕业生自主创业优惠政策主要包括以下方面：

第一，税收优惠。对高校毕业生创办的小型微利企业，按国家规定享受相关税收支持政策。

第二，小额担保贷款和贴息支持。对符合条件的高校毕业生自主创业的，可在创业地按规定申请小额担保贷款；从事微利项目的，可享受不超过10万元贷款额度的财政贴息扶持。对合伙经营和组织起来就业的，可根据实际需要适当提高贷款额度。

第三，免收有关行政事业性收费。毕业2年以内的普通高校毕业生从事个体经营（除国家限制的行业外）的，自其在工商部门首次注册登记之日起3年内，免收管理类、登记类和证照类等有关行政事业性收费。

第四，享受培训补贴。对高校毕业生在毕业学年内参加创业培训的，根据其获得创业培训合格证书或就业、创业情况，按规定给予培训补贴。

第五，免费创业服务。有创业意愿的高校毕业生，可免费获得公共就业和人才服务机构提供的创业指导服务，包括政策咨询、信息服务、项目开发、风险评估、开业指导、融资服务、跟踪扶持等"一条龙"创业服务。各地在充分发挥各类创业孵化基地作用的基础上，因地制宜建设一批大学生创业孵化基地，并给予相关政策扶持。对基地内的大学生创业企业要提供培训和指导服务，落实扶持政策，努力提高创业成功率，延长企业存活期。

第六，取消高校毕业生落户限制，允许高校毕业生在创业地办理落户手续（直辖市按有关规定执行）。

六、对于经济困难大学毕业生的救助办法

我国是一个发展中国家，对于许多来自经济不发达地区的大学生和因种种原因导致经济比较困难的大学生，应在生活、就业等方面给予帮助。

第一，凡高校毕业生因患病等原因短期无法就业且生活困难的，由高校毕业生户籍迁入地所在地民政部门参照当地低保标准给予临时救助，享受临时救助的时间最长不得超过1年，1年后家庭生活仍有困难的，按有关规定申请享受最低生活保障或其他社会救济。对于滞留高校尚未办理户籍迁移的高校困难毕业生，民政部门不予受理。

第二，高校经济困难毕业生申请临时救助，按最低生活保障的申请审批程序办理。高校经济困难毕业生应当向户籍迁入地所在的申请审批机关出具高等学校颁发的《毕业证书》、个人身份证及省级高校毕业生就业工作主管部门签发的《全国普通高等学校本专科毕业生就业报到证》。对已参加就业或家庭经济条件好转的享受临时救助的高校毕业生，应及时取消对其的临时救助。

第三，各地要落实好代偿国家助学贷款政策。对于自愿到西部地区和艰苦边远地区县级人民政府驻地以下地区（不含县级人民政府驻地）基层单位工作，且服务期达3年以上（含3年）的全日制普通高校应届毕业生，其在校学习期间的国家助学贷款本金及其全部偿还之前产生的利息由中央财政代为偿还。

第四，高等学校对就业困难的贫困学生要进行重点帮扶，给予重点推荐、指导、服务，可适当给予经济补助，努力帮助他们实现就业。对就业困难的高职毕业生，教育部与劳动和社会保障部将继续实施"高职院校毕业生职业资格培训工程"，对需要培训的应届高职毕业生进行职业技能培训和职业技能鉴定。在颁发职业资格证书的专业领域中，力争使大部分毕业生能够拿到"双证"。培训的有关费用主要由教育系统承担，职业技能鉴定费由劳动保障部门适当减免。

七、国家重点建设领域就业

"一带一路"建设、京津冀协同发展、长江经济带发展等国家重大战略提供了大量的就业岗位。高校毕业生要主动对接人才需求，积极到重点地区、重大工程、重大项目、重要领域去就业。要结合建设科技强国、质量强国、航天强国、网络强国、交通强国、数字中国、智慧社会要求，引导毕业生到高技术产业、战略性新兴产业、先进制造业和现代服务业等领域就业创业。深入挖掘互联网、大数据、人工智能和实体经济深度融合创造的就业机会，在共享经济、现代供应链、人力资源服务等领域拓展就业新空间。

八、中小微企业就业

就业是民生之本，稳就业，就要稳市场主体、稳就业岗位。在各类市场主体中，中小微企业是吸纳就业的主力军。在实现高校毕业生更加充分更高质量就业方面，中小微企业大有可为，也格外需要有针对性的帮扶措施。

第一，对招收高校毕业生达到一定数量的中小企业，地方财政应优先考虑安排扶持中小企业发展资金，并优先提供技术改造贷款贴息。

第二，对劳动密集型小微企业当年新招收登记失业高校毕业生，达到企业现有在职职工总数30%（超过100人的企业达15%）以上，并与其签订1年以上劳动合同的劳动密集型小微企业，可按规定申请最高不超过200万元的小额担保贷款并享受50%的财政贴息。

第三，高校毕业生到中小企业就业的，在专业技术职称评定、科研项目经费申请、科研成果或荣誉称号申报等方面，享受与国有企事业单位同类人员同等待遇。

第四，对小微企业新招用毕业年度高校毕业生，签订1年以上劳动合同并缴纳社会保险费的，给予1年社会保险补贴。

九、国际组织实习任职

国际组织亦称国际团体或国际机构，是具有国际性行为特征的组织，是两个或两个以上国家（或其他国际法主体）为实现共同的政治经济目的，依据其缔结的条约或其他正式法律文件建立的有一定规章制度的常设性机构。

国际组织分为政府间组织和非政府间组织，也可分为区域性国际组织和全球性国际组织。政府间国际组织有联合国、欧盟、北非联盟、东盟、世贸组织等，非政府间国际组织有国际足联、国际奥委会、国际环保协会、国际红十字会和红新月会等，各种国际组织在当今世界发挥着重要作用。

根据文件精神，国际组织实习享受以下政策：

第一，资助费用。国家留学基金资助一次往返国际旅费、资助期限内的奖学金和艰苦地区补贴，奖学金包括伙食费、住宿费、交通费、电话费、医疗保险费、交际费、一次性安置费、签证延长费、零用费等。具体资助方式、资助标准等以录取文件为准，资助期限为3~12个月。

第二，保留学籍。高校在校生到国际组织实习，学校可为其保留学籍，最长为两年；学生实习期满后应向学校提出复学申请，学校经审查合格后同意复学，并可根据其实习经历和实习内容认定为公共必修课或实践实习课程的学分。

第三，就业服务。到国际组织实习的毕业年度内高校毕业生，毕业时其户口档案可申请保留在学校两年（直辖市按有关规定执行）。两年内落实就业单位的，可视为应届毕业生，根据相关规定，为其办理就业手续。超过两年的，可将在校档案及户口办理相应手续迁回家庭所在地。

第四，升学深造。高校在制订本校推免生遴选办法时，结合本校具体情况，将学生到国际组织实习情况纳入推免生遴选指标体系。

十、灵活就业

灵活就业是指在劳动时间、收入报酬、工作场地、保险福利、劳动关系等方面不同于建立在工业化和现代企业制度基础上的传统主流就业方式（体制内就业和制度内就业）的各种就业形式的总称。随着社会发展和分工的细化，职业模式日益灵活多样，就业涵盖的领域日趋广泛，既有在劳动标准方面、生产的组织和管理方面以及就业稳定性方面有别于正式职工的各类灵活就业人员，如临时工、季节工、承包工、劳务工、小时工等，又有随着科技和新兴产业的发展、现代企业组织管理和经营方式的变革引起就业方式的变革而产生的非全日制就业、阶段性就业、远程就业、兼职就业（例如产品直销员、保险推销员）等。还有个体经营和合伙经营者、自雇型就业，如律师、作家、自由撰稿人、中介服务工作者等自由职业者和独立服务型就业等。这些职业自由度大，限制少，既满足了社会的需要，又在很大程度上符合大学生的就业需求。

第三节　大学生就业信息的收集与处理

"就业信息是指求职者通过某种途径获得、经过加工整理，能被求职者理解，并对其求职择业有价值的新消息、知识、资料和情报。大学生顺利就业不仅取决于整个社会的政治、经济状况及自身的能力素质，也取决于是否拥有就业信息。因此，积极主动地收集就业信息，认真细致地分析就业信息，科学有效地利用就业信息，就能获得求职、择业的主动权，把握最佳的就业机会。"①

一、大学生就业信息的要素与作用

（一）就业信息的要素

就业信息包括招聘活动中各行业、企事业单位发布的具体需求信息、岗位的薪资状况、工作内容和职业发展前景等。一般来说，就业信息应该包含以下要素：

（1）工作单位的全称、单位性质、上级主管部门等。

（2）工作单位的发展前景和现阶段发展实力，以及在整个行业中的排名或者在整个社会经济结构中所占的地位。

（3）对从业者政治思想、道德品质、工作态度、学历及学业成绩、职业兴趣、职业能力、职业气质、职业技能等方面的要求。

（4）工作单位的地点、环境、工作时间、个人待遇、福利等的明确规定。

就业信息不是孤立的，而是一个系统工程。国家、用人单位、学校、毕业生等组成信息网络，互为信息源。就国家和职能部门而言，需要提供国家的产业政策、行业的人才需求、高校的专业设置、毕业生人数等；就用人单位而言，需要了解国家关于就业的政策规定、学校的专业设置、毕业生人数、毕业生的能力及素质等；就学校而言，要掌握未来有关就业的方针政策、办法及规定，用人单位的概况及实际需求等；就毕业生而言，要了解国家的就业方针政策、用人单位的概况及实际需求、就业的程序等。

（二）就业信息的作用

第一，就业信息是大学生就业的基础。劳动力市场上的就业信息是供给方和需求方共

---

①周清，何独明. 大学生职业生涯规划与就业指导［M］. 北京：北京理工大学出版社，2019：193.

同提供的供需信息。当就业信息发布和接收相对应时，就可以确认工作岗位。如果这些信息不能有效地传送，就会造成"有业不就，无业可就"的局面。毕业生所获取的用人单位的需求信息越多，其择业范围越大，就业可能性就越大。

第二，就业信息是择业决策的重要依据。毕业生需要掌握大量的就业信息，为科学择业提供决策依据。例如，国家的就业方针，各地方及行业的就业政策、有关就业机构的功能职责，所在院校的就业工作流程等。当然，最重要的还是用人单位的需求信息。

第三，就业信息是顺利就业的可靠保证。毕业生依据自己所拥有的就业信息，经过筛选比较、科学决策，锁定一个或几个相对准确的目标，全面了解这些目标的基本情况，如企业的经营方式、产品结构、市场行情、企业历史和发展前景，特别是要了解应聘岗位的要求。

二、大学生就业信息的收集

收集就业信息是高校毕业生求职择业前的一项重要任务。就业信息越广泛，择业的视野就越宽阔；就业信息质量越高，择业的范围与把握性就越大。必须利用各种渠道、各种方法，广泛、全面地收集与择业有关的各种信息，为就业做好充分准备。

（一）就业信息收集的方向

1. 学校毕业生就业指导部门

学校毕业生就业指导部门是学校设立的专门从事毕业生就业工作的机构，是毕业生获取求职信息的主要渠道。毕业生就业指导部门与毕业生所涉及的各级主管部门和有关用人单位保持着长期、广泛而密切的联系，并且经过多年的工作实践及常年合作联系，已形成了稳定的关系。在每年毕业生就业阶段，学校毕业生就业指导部门会有针对性地向各用人单位发送毕业生资源信息函，并以电话联系和参加各种信息交流活动等方式征集大量的就业信息。同时，这些部门一般在每年的 10 月至次年的 5 月专门组织各种形式的毕业生就业招聘会，在毕业生和用人单位之间架起一座信息桥梁，从而使毕业生获得更多就业信息。这些信息数量大，针对性、准确性、可靠性都较强。同时，学校还会将收集的就业信息及时加以整理，定期向毕业生发布，使学校毕业生就业指导中心成为毕业生求职择业最主要的信息来源。

2. 媒体与网络

电视、广播、刊物、网站、手机 APP 等新媒体经常会发布一些招聘信息和广告，为求职者提供较为集中的招聘信息，这种途径最大的特点是受众面广、传播速度快、形式活泼多样和信息传递量大。

网络是兴起的新的沟通传播方式，目前，教育部、人事部门、高等学校毕业生就业指导中心、各高校都在网上开辟了专门网站，设有"就业政策""就业指导""人才数据库""人才站点导航""信息服务""推荐网址"等栏目，毕业生可由此方便快捷地获知就业信息。

3. 各类人才市场

为做好每年的毕业生就业工作，各级各类人才市场每年都要举办多场大中型的招聘会，高校每年也都要组织举办各种形式的双选会或校园专场招聘会。招聘会为毕业生与用人单位双向选择搭建了平台、提供了机会，毕业生要十分重视、充分利用这些机会，尽可能多了解相关情况，广泛收集各单位的用人信息。

4. 学校教师与校友

许多教师与校外研究所、企业、公司合作开发科研项目，有广泛的人脉，学生可以通过教师获得用人信息，不断补充自己的信息库。教师提供的就业信息具有重要参考价值。教师能更多地考虑毕业生的就业意向与职业的匹配度，结合毕业生的学业成绩、在校表现及其资质、能力、特长，针对不同学生提供不同的就业信息，比较可靠，针对性强。

校友是就业信息的重要提供者。毕业生可以多找一些"师哥""师姐"，通过他们了解更多的就业信息。校友提供的就业信息的最大特点是比较接近本校的实际情况，尤其是本专业的毕业生在人才市场上的供求状况及其在具体行业中的实际工作、发展状况。特别是近年毕业的校友对就业信息的获取、比较、选择和处理有比较丰富的经验，他们提供的信息更具有参考价值。

5. 社会实践活动与社会关系

毕业生在实习、社会实践中，可以让用人单位充分了解自己，同时也可以清楚地了解用人单位的需求信息，抓住机遇，成功求职。

社会关系也是就业信息的重要来源。学生可以通过自己和家庭的社会关系获取各行各业的就业信息。

家长、亲友提供的就业信息主要来源于其个人的社会关系，或者其所在的就业单位，对职业需求信息知根知底，真实性较强、可靠性较大。

(二) 就业信息收集的要点

第一，广泛与重点相结合。当今社会科学技术迅猛发展，边缘学科、交叉学科不断出现，知识的渗透性更加明显。社会行业也由过去的专项性向综合性发展。所以在收集信息时不要仅仅局限于专业对口单位，对非对口单位的需求信息也要注意收集。但是在广泛收集的基础上，要确保重点，要全面了解专业对口单位的需求，因为这种单位对符合专业特点的人才需求量更大。

第二，纵向与横向相结合。市场经济的发展，要求地域之间加快人、财、物的流动和流通，取长补短，相互促进，形成合理完善的人才机制。所以在收集人才信息时，一方面，要把本省、地（市）的人才需求收集起来；另一方面，也要注意收集不同地区、不同领域的人才需求信息。

第三，动态与静态相结合。一方面，社会各行业在对人才的需求方面具有相对的连续性和稳定性，需要我们及时准确地获取当年的需求信息（静态）；另一方面，各行业是在竞争中求生存，随着经济的发展、市场的调节而变化（动态）。因此，必须同时了解、掌握、预测社会各行业在一个时期内对各类人才需求的动态信息，增强就业指导的预见性和主动性。

第四，注重用人单位对毕业生招聘条件的信息收集。总的来看，社会上急需德才兼备的人才。改革开放的今天，对大学生提出了新的、更高的要求，从政治素质、知识、实际工作能力，到身体状况，都要适应时代的发展，需要毕业生不仅要有远大的理想，还要有丰富的专业知识，较强的竞争意识，勇于开拓和脚踏实地的苦干精神。

三、大学生就业信息的处理

（一）就业信息的筛选

当收集到一定的就业信息后，毕业生就要结合自身的情况，依据国家有关政策、法规和社会常识对它们进行去伪存真、去粗取精的筛选，以及有目的、有针对性地排列、整理和分析。

很多用人单位在进行宣传的时候，通常只提自己的优势而掩饰自己的劣势，因此，毕业生在进行情况分析的时候要做到充分了解，心中有数，不要被表象迷惑，失去准确的判断。

1. 甄别

甄别是信息处理的第一步。甄别信息首先要确定信息的可靠程度，对于不确定的信息要通过各种渠道向知情人士去证实；其次，要甄别信息的内容是否齐全，特别是发现自己想知道的细节没有或者不清楚时，要抓紧时间进行实际考察、询问情况、了解实情。

毕业生在分析就业信息时，由于求职心切，或时间紧迫，又或重视不够，没有对收集到的信息进行认真细致的分析，导致在择业求职的开始阶段总是犯一些本可以避免的错误，不仅浪费宝贵的时间、金钱和精力，而且在求职一开始时就陷于被动。毕业生求职时首先要开展的工作应该是对就业信息的分析，因为择业的成败在很大程度上取决于如何分析就业信息。分析就业信息主要应做好以下方面的工作：

（1）分析就业信息是否准确真实。就业信息准确与否直接影响毕业生择业的成功与否，信息不准，会给择业工作带来决策上的失误。分析就业信息的准确与否还有一个重要的方面就是核实单位的资质及招聘信息的真假。信息在传递过程中由于来源和人为的一些因素，造成有些信息失真或污染，这就要求我们必须通过查询、核实来加以修正、充实，使信息更有效。例如，在去一个应聘单位前，必须对该单位的合法资质进行核对，或向其上级主管部门核实，或直接咨询学校就业指导部门。

（2）分析就业信息时要注重适用性、针对性。如今，就业信息铺天盖地，如果在信息收集中不注重适用性，就可能在众多的就业信息中把握不准方向，这就要求毕业生在收集就业信息时，必须对自己有一个客观的评估，然后根据自己的专业、特长、能力、性格、健康状况等各方面因素去收集有关的就业信息，避免收集对自己不适用的信息，而浪费不必要的人力、物力与时间，贻误就业时机。

（3）分析就业信息时要注重系统性和连续性。将各种相关的、零碎的信息积累起来，然后加工、筛选，形成一个能客观地、系统地反映当前就业市场、就业政策、就业动向的就业信息链，为自己的信息分析和择业提供更可靠的依据。同时，要注意保持信息的连续性。例如，一些用人单位因搬迁等原因导致毕业生收集的信息失真，但如果建立了连续的电子就业信息库，毕业生就可以根据原有的信息重新发掘新信息，更新信息库，这样毕业生就可以在任何时候享用就业信息。

总之，毕业生要善于及时对就业信息进行分析、判别，依据自己的就业定位，选择相对较好，特别是适合自己个人特点的信息，并且果断出击，以提高自己求职择业的效率和成功率。

2. 归类

经过甄别的信息仍然繁杂，因此还需要对信息加以归类。可以根据就业信息的不同属性分门别类地加以整理，这样既能防止就业信息遗漏，又便于检索查阅。

3. 挖掘

许多信息的价值往往不是浮在表面上的，必须经过深入挖掘才能发现。例如，根据有些单位的现状，可能还难以判断、预测单位和自己今后的发展状况；有些单位虽然条件可能差一些，但从长远看是有前途的，能够给员工较大的发展空间。这就要求毕业生既要站在高处，从长远的角度看职业、单位的趋势；又要留意信息的细枝末节，由表及里地挖掘信息的内涵价值。

（二）就业信息的评价

信息的来源渠道不同，内容必然有实有虚，这就要求毕业生对每一条获得的就业信息进行评价。

第一，真实性。由于信息的来源渠道不同、传递方式不同，大量信息扑面而来，就会造成信息的真实程度不一。在当前人才市场尚不十分健全的情况下，假信息或不很准确的信息层出不穷，造成有的毕业生求职失败，贻误了求职的最佳时机。因此，毕业生务必冷静分析，增强判断就业信息真实性的能力。

第二，准确性。就业信息必须能够真实、全面、准确地反映用人单位的意图，不能含糊其词、模棱两可，否则容易造成误导，产生错觉。即使再简单的就业信息也要认真琢磨，仔细体会，对于一些不是十分清楚的就业信息要及时与信息的提供方取得联系或请教别人，获得准确信息。

第三，有效性。就业信息的有效性是一个相对的概念，指信息对于使用者而言是否有用，有用的即有效，无用的即无效。也就是说，某一个就业信息，别人看来很有价值，可能是一个很好的机会，但是对求职者本人或许一文不值，这并不是信息本身的问题。同样的信息造成不同反应的原因是不同求职者评价信息的标准不同，每条信息都有其特有的针对性。随着社会分工进一步细化，用人单位所要求人才的层次、专业、性别、能力等方面千差万别，就业信息本身必须能够说明它所使用的对象，以及该对象所应具备的具体条件；否则就会让每个人产生自己都适合、能胜任的错觉。因此，应该注意就业信息的有效性，不能盲目追求热门职业。适合自己的信息一定要予以重视，不适合自己的也要果断地摒弃，减少求职择业的盲目性。

第四，时效性。信息的一个很重要的特性就是时效性，即信息都有时间要求，在一定时间内是有效的，过了某个时间就失去了意义和作用。因此，在收集、整理和处理就业信息时一定要注意信息的有效时间，争取及早对信息做出应有的反应。

第五，可变更性。对于某些招聘信息所传递的专业、性别、学历要求等，乍看上去并不符合个人的应聘条件，因而就此却步。但实际上这只是用人单位最初的设想，随着形势的变化，最初的计划会有所调整，因而毕业生要结合用人单位的情况和岗位的核心特征进行分析，考虑一下该信息的可变更性有多大。

（三） 就业信息的利用

1. 鉴别就业信息利用的适合性

一旦就业信息被确认为真实有效，接下来就是要鉴别信息的适合性。可以从专业、兴趣爱好及性格特征三个方面来鉴别。

（1）专业的适合性。专业对口，往往是用人单位与应聘者的共同目标。专业对口可以缩短个人进入职业岗位后的适应期，使个人更容易发挥专业特长，既可以避免自己专业资源的浪费，也可以减少企业在职业培训中的投入。因此，要适当考虑就业信息与专业是否对口。

（2）兴趣爱好的适合性。兴趣爱好是一个人在职业中取得成功的重要条件，对一项工作有兴趣不仅可以促使自己投入大量的精力，而且有益于身心健康。在专业特长与兴趣爱好不相符的情况下，一定要权衡利弊，做出选择。

（3）性格特征的适合性。性格特征本身无所谓好坏，但是就具体的工作职位而言，性格特征有适合和不适合之分。例如，严谨、诚实、谦逊的性格适合从事科研工作，活泼开朗的性格适合从事社交工作，勇敢、沉着、果断的性格适合从事管理工作等。为此，在考虑专业和兴趣爱好的同时，也要兼顾到职业信息与自己的性格之间的吻合性。

2. 就业信息的利用原则

（1）发挥优势和学以致用的原则。发挥优势和学以致用的原则，即处理就业信息时，要尽量做到专业对口，发挥所长，学以致用，这样可以发挥优势，避免人才资源的浪费。如果说，实际的招聘条件不许可，那就可以选择相近专业的招聘职位。

（2）面对现实、理论联系实际原则。在使用就业信息时，要事先对自己有一个全面的认识和正确的自我评价，无论个人的愿望如何美好，在实际操作时都要面对现实。检查自己是否具有必备的条件。有些行业在学历、能力、年龄、性别等各方面都有一定的限制，事先应查核自己的条件是否符合。

（3）在政策范围内择业的原则。使用就业信息时，要把个人意愿和国家需要结合起来，并根据社会需要与自己的能力、愿望做出职业选择，这是使个人的择业愿望具有客观可行性的保证。

（4）辩证分析原则。辩证分析原则，即用辩证唯物主义方法论来分析信息，用历史的、发展的、变化的眼光来研究、处理信息的实际利用价值。

（5）综合比较原则。综合比较原则，即把所有的信息放在一起从各方面比较各自的利弊，寻找符合自己条件的职业。

（6）善于开拓原则。善于开拓原则，即将那些价值潜在的信息，深入思考，加以引证，充分利用。信息的价值会用则有，不会用则无。

（7）早做抉择原则。信息有很强的时效性，及时用之是财富，过期不用等于无。因为较好的职业总会吸引更多求职择业者，而录用指标却是有限的。如果延迟抉择，不及时反馈信息，往往会痛失良机。

（8）学习原则。善于总结，寻找不足。根据相关岗位的要求，并结合自身现有的能力，在求职中发现自己的不足。因此，求职者应该善于总结，调整自己的知识结构，锻炼自己还欠缺的能力，弥补不足。

（9）舍得原则。部分信息对自己也许没用，但对别人也许就有着很大的价值，遇到这种情况，应该乐于输出这些信息，不要紧抓不放。在输出信息的同时，既帮助了别人，也许同时减少了自己的一个竞争对手。

在使用就业信息时，一定要头脑清醒，不可随波逐流，人云亦云，不可偏听偏信，不能一味地追求"高理想"，而应该做到面对现实情况，实事求是，客观地评估自我，做出正确的选择。

第四章　大学生就业准备与求职技巧

第一节　大学生就业准备

"就业是民生之本，是我们实现人生理想的重要手段，是我们创造幸福生活的源泉。就业不仅是一个重要的经济问题，也是一个重要的社会问题，事关社会能否安全运行和健康发展。"[①] 如今，新的就业形势对从业者的知识结构、思维方式和实践应用能力均提出了更高的要求。为了更好地适应社会的要求，实现顺利就业，大学生必须自觉把大学生活与就业紧密联系起来，努力构建合理的知识结构、科学的思维方式和强有力的实践应用能力。

一、合理的知识结构

现代社会对求职者的知识要求是：拥有较高的知识水平，并能根据社会的发展和所选择职业的具体要求，科学组合自己的知识，形成合理的知识结构。

（一）合理知识结构的特点

大学生应具备的知识包括基础知识、专业知识、复合知识。

第一，基础知识。基础知识在大学生知识结构中发挥着举足轻重的作用，在现代高等教育改革中越来越受到重视，基础知识主要包括数学、物理学、化学、历史学、地理学、哲学、文学、艺术、文化、伦理道德、外语、计算机及专业基础知识。

第二，专业知识。专业知识是大学生知识结构中的主要内容，是大学生各自所学专业的知识，是大学生赖以生存发展的资本和发挥一技之长的具体表现。

第三，复合知识。复合知识是增强大学生社会适应性的知识，是为了弥补高等教育"专才"缺陷的知识，是大学生健康持续发展的助推剂。

合理的知识结构是根据社会需要将自己的基础知识、专业知识、复合知识有机整合而

---

①林燕清，林俊. 大学生就业指导［M］. 北京：北京理工大学出版社，2020：4.

成的知识结构。大学生合理的知识结构虽然没有绝对统一的模式，但具有三个普遍而共同的特征：有序性、整体性、可调性。

（二）知识结构模型

常见的知识结构模型有以下三种：

1. 金字塔形结构

金字塔形知识结构的横向结构是宽广型，纵向结构为阶梯形。包括了宽厚的综合性基础理论知识、专业理论知识和适量的非专业理论知识及跨学科知识，强调的是基本理论、基本知识、基本技术技能的学习、训练和运用。"厚基础"为人的成才和创造奠定了基础，"宽基础"为人的综合能力、适应能力、应变能力的培养创造了条件。目前我国大部分本科专业教学计划实际上是按这种金字塔形的知识结构设计的。

2. 网络形结构

网络形知识结构是以自己的专业知识为"中心点"的，以其他相近的、作用较大的知识作为网络的"纽带"，相互联结，形成一个适应性较强的，能够在较大范围内左右驰骋的知识网。网络形知识结构的主要特点是知识面的宽广性。

3. "T"形结构

"T"形知识结构是专博型知识结构的另一种表述。有的人专业知识精深，但知识面狭窄，其知识结构很像一个竖杆"I"；有的人专业知识浅薄，而知识面较广，其知识结构像一个横杆"—"。将二者之长集于一身，这就是"T"形知识结构的人。就目前来看，具有"T"形知识结构特点的人才，符合就业市场（专业化时代）的需要。因为精深的专业知识可以较好地满足对口行业的就业要求，宽博的基础知识则有助于支撑今后的发展。

（三）社会对大学生求职者知识结构的要求

现代社会对求职者文化素质、知识的要求受多种因素的影响，尤其受到当代科学技术发展状况的影响与作用。与此同时，各类现代职业对于就业者文化素质和合理的知识结构的要求也越来越高。就知识结构而言，不仅对知识技能共性的要求越来越多，而且对就业者知识和技能的适应性要求也越来越高。

1. 不同职业对求职者知识结构的共性要求

（1）宽厚扎实的基础知识。基础知识是知识大树的躯干，是知识结构的根基。无论选择何种职业，也不管向哪个专业方向发展，都少不了宽厚扎实的基础知识。特别是随着科技和经济的高速发展，社会的产业、行业、职业结构调整的速度必然加快，大学生在择业就业上已不可能是"从一而终"，职业岗位随时变动的状况不可避免。要适应这种变化，必须靠扎实宽厚的基础知识。

（2）广博的专业知识。专业知识是知识结构的核心部分，也是科技人才知识结构的特色所在。所谓广博精深，是指大学生对自己所要从事专业的知识和技术的掌握具有一定的深度和范围，有质和量的要求，对概念体系、理论体系、研究方法、学科历史与现状、国内外最新信息等都要有所了解和把握。同时，对其专业邻近领域的知识也要有所了解和熟悉，善于将其所学专业的领域与其他相关知识领域紧密联系起来。

（3）大容量的新知识储备。现代各类职业都要求从业者的知识"程度高、内容新、实用性强"。"程度高"是指知识层次高，知识面广；"内容新"是指从业者的知识结构中应以反映当今科学技术发展状况的新知识、新信息为主；"实用性强"是指从业者的知识在生产、工作中有较强的实用价值。

2. 不同职业对求职者知识结构的特殊要求

（1）管理类职业的要求。管理类职业主要包括国民经济管理、企业管理、金融管理、财政管理、外贸管理、行政管理等社会工作。选择此类职业作为自己目标的求职者，在其文化素质上除了具备提及的共性要求外，根据管理职业的实际需要和管理科学的发展规律，还必须很好地掌握党的方针政策，掌握基本的法律知识。在其知识结构中，管理理论和知识要求占较大比例，除此以外还应了解税务、工商、外贸的管理知识。在知识结构上一般要求具有"网络型"的结构。

（2）工程类职业的要求。工程类职业的范围包括各行业中从事工程技术应用工作的职位。它要求就业者在文化素质上应具备扎实的专业知识，具有较新的现代专业理论，熟练地掌握能应用于实际工作的应用技术知识及一定的管理知识。

（3）农科类职业的要求。农科类职业范围主要包括各农业科技园区、园艺类公司、农科所、蔬菜公司等企事业单位。这类职业要求从业者能吃苦、具有良好的专业知识并能运用于实践，有较强的自学和创新能力。

（4）教育类职业的要求。教育类职业的范围包括大学教师、中小学教师以及各类职业教育教师、干部培训教师等。教育这一特殊职业决定了选择此类职业的就业者在文化素质上要具备的条件包括：掌握辩证唯物主义和历史唯物主义的基础理论和扎实的专业知识，熟悉本专业最新研究成果及其发展趋势，了解与本专业相近的新兴边缘学科或交叉学科的情况，具有较高的文化素养，达到真正的"博学"。此外，还要掌握教育科学的有关知识。该类职业要求就业者的知识结构为"网络型"。

以上仅介绍了四种类型职业对求职者知识结构的特殊要求，其他类型职业有着各自不同的特殊要求。大学生应当根据社会需要，结合个人专长，充分了解各种职业对求职者知识结构的特殊要求，在就业前和就业后注意建立和调整自己的知识结构，并使之日趋合理，为成才奠定坚实的基础。

（四）大学生知识的学习

一个人的文化知识素质，将决定他在求职择业时的自由度和取得职业岗位的层次，而知识主要由公共基础知识、专业基础知识、专业知识三个部分构成。

1. 公共基础知识

掌握宽厚的公共基础知识，不仅是形成合理的知识结构所必需的，而且是按照自身特点和社会需要，在一生中不断学习、掌握新知识的需要。公共基础知识犹如基石，只有宽厚坚实才能合理地建筑起稳固的知识大厦。大学生要掌握好基础知识，这是以后就业的铺路石、敲门砖。大学生在课余还可积极参与各类基础学科竞赛，建立宽厚的知识基础，有利于在今后的工作中适应各种变化，灵活自如地发展。

2. 专业基础知识

对于学生从事专门学科知识学习而言，专业基础知识学习是衔接公共基础知识与专业知识的重要一环，是公共基础知识的深化、发展，是专业知识的先导与基础，起着承上启下的作用。大学生只有掌握稳固的专业基础知识，才能进一步深入学好专业知识。目前，各高校专业基础知识安排的课时，占整个学时三分之一左右，这足以证明专业基础知识的重要性。作为学生应该广泛汲取各类知识的精髓，拓宽知识面，有针对性地扩大自己的知识面，在有利于专业知识积累与发展的条件下，使知识结构趋于合理。

3. 专业知识

专业知识是学生知识结构的直接体现，知识结构的完善必须以专业知识的学习与运用为最终目标。随着社会生产力和科学技术的发展，社会对专业能力，特别是专业的实际操作能力要求是越来越高。因此对形成专业能力的专业知识的要求也越来越高。

专业知识是学生赖以生存的资本，过硬的专业知识是学生今后顺利走向工作岗位的有效保证，是履行岗位职责、胜任专业工作必须掌握的。一个人的知识域是由专业知识和相关知识构成的。在学习的过程中，应区分出什么知识是工作所必需的，什么知识是进一步提高工作能力和工作效率、效果所需要的，从而有目标、分层次地对知识进行储备，准确而有效地获取相关知识。以教师为例，一个优秀的教师应该具备多方面的知识。其中，掌握好所教学科的专业知识是一个教师进行教学的前提。教师只有拥有丰富的专业知识，才能将其有效地传授给学生。但只有相关的专业知识，而不懂教育学、心理学、学科教学论的相关知识，则不能充分了解学生特点；不懂得教育教学方法，则不能有效地传授知识，这样就不能成为合格的教师。

4. 现代经济、现代管理和人文社会知识

在知识的建构过程中，在重视基础类知识和专业类知识的基础和前提下，要努力扩展自身基础类、专业类知识之外其他横向类知识的范围。古今中外，许多学者一而再，再而三地提出和强调的"博学"思想，正是这里所说的知识结构中的广博性原则。现代社会需要学生具有一定的社会知识，一定的经济、管理知识和人文知识。作为一名新时代的青年学生，应该把学校开设的各种人文课程学好，利用空余时间多读一些社会科学、经济学、管理科学方面的书籍，扩充自己的知识面，开阔自己的视野，不断加深对社会和现代经济、管理科学方面的了解，从而不断提高自己的适应能力。

5. 新技术与新知识的储备

面对当前形势，如果只掌握本专业现阶段的知识，是很难适应社会发展的，在不断加深对专业知识学习的同时，还应科学地学习更多知识，在基础知识的学习宽度和深度上下功夫。要掌握本专业国内外研究的新动向、新成果，了解科技新动态，注意本专业的科学前沿情况。当然，要求学生同时掌握多种专业知识是不现实的，但是除了精通自己的专业知识，并能在实际中运用以外，再掌握或了解与专业相关联的若干专业知识和技术是可以做到的。

二、科学的思维方式

思维是人脑对客观现实概括和间接的反映，它反映的是事物的本质和事物间规律性的联系。思维能力是人的核心能力，一个人的思维能力虽然与自身的智力水平有关，但更取决于思维方式。科学的思维方式具有广阔性和深刻性、灵活性和敏捷性、独立性和批判性、理性等特征。培养大学生的科学思维方式应着重从以下方面进行培养：

第一，学习哲学。哲学为人们提供方法，启迪智慧。大学生经过高等教育，一般都具备了一定的理性思维能力。但是，要培养科学的思维方式，必须加强对哲学的学习，提高哲学思维的素养。马克思主义哲学作为科学的世界观和方法论，揭示了自然界、人类社会发展的一般规律，是人们认识世界、改造世界的思想武器。同时，它也揭示了思维发展的一般规律。因此，大学生提高马克思主义的哲学素养，对于提高自己的理性思维能力、培养科学的思维方式是至关重要的。

第二，丰富知识。丰富的理论知识是敏捷思维和科学思维方式的基础。一个人掌握的知识越多、越丰富，他的思路就会越广、越深，思维的成果就可以越完全、越准确。比

如，逻辑学的知识对提高人们的思维能力是非常重要的。这是因为无论是形式逻辑还是辩证逻辑都是以思维为对象的，都是关于思维的规律、形式和方法的科学。逻辑规律是一切正确思维所必须遵守的最基本的规律，是认识现实的必要条件。违背这些规律，就会使思想丧失它应有的明确性、确定性和一贯性，从而谈不上正确的思维。

第三，独立思考。独立思考是指对每一个问题从头到尾、由理论到实践都经过自己的头脑进行思考。独立思考的关键是"独立"，但也不排斥经常参加讨论争辩。讨论争辩可以作为独立思考的补充，也能促进独立思考的严谨、全面和深刻。善于独立思考的人，既能集中别人的智慧，又能超越前人的思想。独立思考的关键也在于有时间静下来深思。整天忙于事务而不思考，不仅工作做不好，也谈不上培养思维能力。独立思考需要多思，同时也要博学、善问，勤于钻研和重视思想方法。

第四，调整思维方式。善于随时整理自己的思路，总结思维方法上的经验教训，是培养科学思维方式的重要方面。一个人的具体思维过程是十分复杂的。得到某一正确认识之前，总是难免要犯各种各样思维方式上的错误，有时因为概念不清，有时因为判断有误，有时因为缺乏灵活和变通等。不断地总结在思维方式上的各种经验教训，可以使人不断地完善自己，大大提高思维能力，逐渐培养起科学的思维方式。

第五，提高艺术修养。艺术和科学是人类文明的两翼，艺术思维和科学思维的结合是智慧之源和创新之路。从思维科学角度看，科学工作总是从一个猜想开始的，然后才是科学论证。换言之，科学工作源于形象思维，终于逻辑思维。形象思维源于艺术，所以科学工作是先艺术后科学。相反，艺术工作必须对科学事物有一个科学认识，然后才是艺术创作。

三、良好的职业能力

（一）职业素养的特征

职业素养是指劳动者通过不断学习和积累，在职业生涯中表现并发挥作用的相关品质，是劳动者对社会职业适应能力的一种综合体现。职业素养包括职业道德、专业素养、职业素质、职业技能等内容。

职业素养是指职业内在的规范和要求，是在职业过程中表现出来的综合品质。大学生所应具备的职业素养包括显性的职业素养和隐性的职业素养。显性的职业素养表现为大学生的形象、资质、知识、职业行为和职业技能等，这些素养可以通过各种学历证书、职业资格证书来证明，或者通过专业考试来验证。隐性的职业素养是看不见的、内隐的职业素养，表现为大学生的职业意识、职业道德、职业态度等，它支撑着显性的职业素养。因此，大学生职业素养的培养应该着眼于整体，并以培养显性的职业素养为基础，重点培养隐性职业素养。

（二）职业能力的培养

职业能力是人们从事职业活动、完成职业任务的成效和本领。职业能力分为专业能力和核心职业能力，其中，核心职业能力是指从事任何职业都需要的一种综合职业能力，它泛指专业能力以外的能力，或者说是超出某一具体职业技能和知识范畴的能力。

1. 专业能力

大学教育以专业能力教育为主，知识、技能是分专业学习的。专业能力一般是指专业知识、专业技能等与职业直接相关的基础能力。专业人士与普通人士之间的根本差别就是其专业能力的差异。大学生精通一门专业、爱上一个专业，锻造自己优秀的专业能力是把自己塑造为职业人士的重要途径。

（1）专业知识。不同的职业、行业要求从业者所要具备的专业知识不同，这种专业知识可能来自课堂也可能来自工作实践。专业知识的积累是一个持续的过程，部分大学生进行"期末突击"，用一个月弥补一学期的知识空白，考试靠老师划重点获取好成绩，待一个长假回来，大部分知识又还给了课本。学生学到的知识就是自己拥有的武器，一个人如果目标明确，打定主意从事所学专业，走专业路线，并一直走下去，不再更改，就必须在专业知识上精益求精。学生可以通过浏览最新文献，查看全球科研的最新进展来提高自己的专业知识。

课本上学的知识都是工作中最基础的内容，而所运用的模型和原理也是最简单的类型。专业知识是培养专业技能的基础，工作上出现各种问题和疑惑时，可以运用所学的知识和原理，根据具体问题找出"瓶颈"所在，找到突破口去解决。为了有效做到"对症下药"，就需要在实践中不断学习和总结，把平时所学的知识转化成工作中的利器，在反复实践中领悟、摸索。

（2）专业技能。专业技能是指依据专业培养目标，通过一定的学习、实践训练，使学习者熟练掌握的专门技术及运用能力。专业技能分为基础技能和专门技能。

基础技能指从事专门职业所必须掌握的最基本技能。以师范生为例，不管是历史、中文，还是数学或物理专业的学生，作为未来的教师，都应具备基础的教学技能，包括表达技能、书写技能、信息处理技能等，即要有标准的普通话和良好的书面、语言、形体表达能力，扎实的三笔字（钢笔、粉笔、毛笔）、简笔画基本功以及应用现代教学媒体的能力等。

专门技能指从事某种职业所必须掌握的某项或几项特殊能力，专门技能是在基础技能的基础上进一步发展起来的能力。例如，教师在掌握了基础技能外，在课堂上还应有教授技能、提问技能、沟通技能、练习指导技能、课堂组织技能、信息技术技能等多种技能的综合运用。

专业技能是大学生进入职业领域的资本，不同的职业、行业会对从业者有不同的技能要求。做研究工作要求具有调查、分析、归纳、演绎的技能；做教育工作要求有澄清、说服、评估、鼓励、表达的技能；公务员要求具有从事行政工作的技能，如判断推理、资料分析以及简洁的文书编写能力等。具备过硬的专业知识、专业技能是毕业生进入就业市场的基本条件。

2. 核心职业能力

核心职业能力是每个人在职业生涯中，甚至日常生活中必备的、重要的、起关键性作用的能力，它是使劳动者能够在变化的环境中很快地重新获得所需要的职业技能和知识的能力，当职业发生变更或者当劳动组织发生变化时劳动者所具备的这种能力依然存在。核心职业能力具有普遍的适用性和广泛的可迁移性，对人的终身发展和成就有着极其深远的影响。

核心职业能力将在很大程度上帮助大学生去发现、实现自我价值，从而更好地服务社会。因此大学生在毕业前就做好准备，在具有专业能力的前提下，让自己的团队合作、创新、职业沟通、自我管理等核心职业能力过硬，无疑会成为竞争中的一把利剑。

（1）团队合作能力。团队是把不同性格的人组合在一起，在一个规则、一个系统下，为了一个共同的目标而奋斗。随着信息社会的发展，人与人之间的交往活动日益频繁，越来越需要依靠团队的力量。团队合作是职业人工作的一种重要方式。当今社会是一个"合作为王"的时代，职业人做任何一件事、做任何一个项目都不是单枪匹马，而是由领导、同事、客户合作完成。

团体合作精神是大学生就业的决定性条件，大学生缺乏职业沟通、团队合作往往会成为就业短板，这在很大程度上也注定了他们求职路坎坷。因此，大学生应该有意识地在学校的学习和生活中主动培养独立性，学会分享、感恩，勇于承担责任，不要把错误和责任都归咎于他人。在日常学习生活中，有目的、有计划地参与各种竞赛、学生社团、体育运动、科技文化艺术节等各种校园文化集体活动，在活动过程中自觉加强纪律观念和大局、团队意识，积极地与人交流沟通，与他人分享自己的想法，凡事采取合作的态度，只有合作才能增强团体的凝聚力。

（2）沟通能力。大学里的专业技能固然重要，但是如何与人、社会沟通以及如何融入社会也是一个当代大学生不得不高度重视的问题。许多学生缺乏融入社会、进入职场的基本能力和核心竞争力。很多时候，人们会被一些现象迷惑、困扰，不能很好地与他人沟通，从而影响师生关系、朋友关系、恋人关系、亲情关系、同事关系。与领导、同事、客户有效沟通，是融入职业岗位的重要保证，沟通能力是营造胜任力的"催化剂"，更是实现职业目标的推动力。

大学生人际交流网络化（QQ、贴吧、微博、微信等），有的大学生在熟人面前说个不停，生人面前则一言不发，不愿意沟通。尤其在等待、聚会、无聊时都会当低头族，用手机代替人与人之间面对面的沟通，没有与别人沟通的欲望，更没有养成与别人沟通达成共识的习惯和技巧。

我们在生活、工作中绝大多数的失误，是不善于沟通造成的。由于每个人所处的角度和思维方式不同，在沟通交流过程中不可能永远保持一致，难免会出现意见分歧，甚至有误会与争执，只有通过沟通才能使双方达成共识，相互了解、接受、信任。

在沟通中，要学会倾听，善听才能善言，切忌中途插话或打断他人，否则会被视为不礼貌和缺乏修养。一个谦虚好学的人、一个懂得善待他人的人、一个会反思的人，永远懂得倾听。无论什么时候，倾听都显示出一个人的素养，学会倾听是一种美德、一种修养、一种气度。

（3）创新能力。创新能力不仅是衡量大学生是否成才的重要指标，也是各用人单位选人用人的重要条件之一。20~30 岁是一个人最富创新能力、最容易出成果的时期，如果仅局限于教材和课堂，那么所有同学只能处于同一水平和层次。要实现超越，就必须抓住这一宝贵时期有所突破，就必须创新。

（4）人际交往能力。人际交往能力是指在一个团体或群体内与他人和谐相处的能力。每个人都必然会和社会上形形色色的人打交道，处理好人际关系是每一个大学毕业生走上社会后必须学会的课题，在现代社会生活中，人际交往能力变得越来越重要，甚至超过了工作能力。许多大学生习惯通过网络交往，但网络生活与现实生活不同，不能将所有人际关系都寄托于网络，而忽视面对面的交流。

（5）解决问题能力。学会解决问题是一个人立世和成事的根本。人们每天都会面对一些问题，这不可避免，也并不可怕，关键在于如何处理这些问题。善于处理问题是一个人综合素质的集中体现，是实践能力的核心，更是职业能力的重要组成部分。

学会解决问题可以改善所处社会环境、工作环境，乃至心理环境。提高解决问题的能力不是朝夕之功，而是一个平时积累的过程。可以从以下方面着手：

第一，面对问题时不慌张，从辩证的角度来分析问题产生的原因、可能造成的后果。问题出现后，我们可以向别人求助，但要明确自己才是解决问题的主体。因此，遇到实际问题时，我们要学会独立思考、仔细分析、冷静全面地寻找问题的症结。

第二，处理问题时不怯场，讲究策略，运用自身的各种知识进行合理、科学的处理。不同问题的处理方法有所不同，要学会区别对待、灵活化解，善于学习和倾听，以平等、宽容、适度为原则，提高分析问题、处理问题和解决问题的能力，以负责任的态度来解决遇到的问题。解决实际问题时最重要的是管理好时间，把握做事顺序，努力提高效能。

善用时间。管理好时间，朝自己设定的目标前进，而不致在忙乱中迷失方向。时间使用原则：合理使用消费时间（游戏、聊天、逛街、上网）；尽可能多使用储存时间（学习、思考、记忆、计划）；尽量避免浪费时间（等待、无聊旅途）。

处理多项事情的顺序。我们把所做的多样事情按重要与不重要、紧急与不紧急两属性进行分类，分为重要而紧急的事，重要而不紧急的事，紧急而不重要的事，不重要又不紧急的事四种情况。处理这些事情通常采用的顺序：先做重要又紧急的事；次做重要而不紧急的事；少做紧急而不重要的事；不做既不重要又不紧急的事。

提高做事的效能。效能是指有效的、集体的效应，即人们在有目的、有组织的活动中所表现出来的效率和效果，它反映了所开展活动目标选择的正确性及其实现的程度；效率是以正确的方式做事，做正确的事。两者不能偏废；但当两者不可兼得时，我们首先应着眼于效能，然后再设法提高效率。提高效能主要有五个步骤：①确定目标，目标可以最大限度地聚集我们的资源，明确的目标可以节约大量时间；②确定需要做的事，我们要明确实现自己的目标需要做哪些事情，并且要确保这些事情有利于目标实现；③确定事情的优先顺序，对需要做的事情设定先后顺序，分清轻重缓急；④确定计划，根据要做事情的轻重缓急制定计划，确保计划得以严格执行；⑤选择正确的方法，以正确的方式做事。

随着信息技术的发展和全球化的深入，各个行业和岗位的变动越来越频繁，知识和技术的更新越来越迅速。用人单位招聘时，不仅仅要求大学生掌握岗位相关的专业知识和技能，而且对大学生的综合素质越来越重视。因此大学生要努力培养核心职业能力，提高自身的综合素质，成为复合型人才，这样才能在步入社会后适应不同类型的职业。

（三）实践应用能力的培养

知识的积累对能力的提高具有指导作用，但大学生具备了丰富的知识并不意味着就有了较强的实践应用能力，要将知识转化为能力，需要付出艰辛的努力。为了适应社会的要求，大学生必须加强实践应用能力的培养和锻炼，增强自己的就业竞争实力。

1. 大学生应具备的实践应用能力

一般来说，不同的学科和专业对其毕业生有着不同的能力要求，但无论什么专业的毕业生，要想顺利就业并尽快有所成就，都必须具备一些共同的基本能力。这些能力主要包括表达能力、动手能力、适应能力、人际交往能力、组织管理能力、创新能力、决策能力等，这些能力既是择业过程中必须具备的能力，也是适应社会需要和自身发展所应具备的能力。除此之外，大学生在择业过程中还应具备以下三种能力：

（1）自我推销的能力。市场经济条件下，任何一种产品要推向市场并得到人们的认同，除过硬的质量之外，必须辅以强有力的市场宣传，"酒好不怕巷子深"早已成为历史，现在市场竞争激烈，质量好的"酒"又很多，所以"酒"好也怕"巷子深"。大学生素质好，能力强，也需要推销自己。恰如其分地向别人推销自己也是一门学问，是需要且能够培养的一种能力，这种能力一般只能在实践中摸索积累，书本上很难学到。

（2）自我包装的能力。市场经济也是一种"眼球"经济，任何一种产品要博得人们的好感和兴趣，首先要让这种产品吸引人们的眼球，而产品的包装则是吸引人们眼球的第一步。大学生择业也一样，要获得用人单位及面试官的好感及兴趣，必须首先做好自我包装，让自己的实力能够更加充分地展示出来，包装主要包括个人形象包装和就业推荐材料包装两个方面。自我包装的能力应根据自身特长和条件不断实践和完善。

（3）随机应变的能力。现在的人才市场瞬息万变，机会稍纵即逝，要想掌握市场的主动权，必须适应市场的变化。大学生在就业过程中，必须学会根据社会需求状况、就业环境、自身条件等方面因素的变化，及时调整策略，牢牢把握机会，否则，如果我们坚持僵化的观念、不变的模式，将跟不上变化的形势。

除了上述几种一般意义上的实际能力之外，就当前的社会需要和大学毕业生的实际状况而言，计算机能力和外语能力的重要性日益突出。

2. 获得能力的方法与途径

大学生培养自己的能力同知识的掌握一样，要靠平常的学习、生活中的自觉培养和实践锻炼来提高。人的能力水平是有差异的。这种差异并不是先天形成的，而是由所处的环境、受教育程度及自身实践状况等因素造成的。就共性而言，获取能力的方式与途径主要有以下四种：

（1）积累知识。离开知识积累，能力就会成为"无源之水"。在校期间，大学生一定要注意拓宽自己的知识面，勤奋学习。一个人才能的大小，取决于掌握知识的多寡、深浅和完善程度。才能并不是知识的简单堆积，而是知识的结晶，这里的"结晶"包含着对知识的提炼、改造和制作，包含着质的变化。要想达到这一目的，除掌握知识外，还需要有科学的思想方法和熟练的技能技巧。这里的思想方法和技能技巧也属知识范畴，即在某些方面有丰富的知识，并掌握科学的思想方法对这些知识进行科学加工，做创造性的运用。掌握的知识越丰富、越精深、越完善，加工和运用知识的思想方法越正确、越先进，实现创造的技能技巧越熟练、越精湛，才能也就越优异、越高超，其能力也就越超群。

（2）勤于实践。能力是在实践过程中培养形成并在实践过程中表现出来的，因此实践是培养能力的重要途径。例如，一个人要想圆满地表现自己的观点、思想和情感，那就得在公众场合善于演讲或具有写作的有关才能，而演讲和写作就是一个实践过程；一个人要想具有组织管理能力，那就得积极主动地、有意识地在法规和校纪约束的范围内去组织一些活动，参加一些社团活动，并在有条件的情况下参与一些社会工作，这些实践活动都会使其组织管理能力得到明显提高。学校当然不同于社会，实践的形式还是比较单一的。但只要积极参与，就会有很多收获。如大学生组织义务家教、当保洁员、参加社区服务等，这些活动不仅陶冶了大学生的情操，同时也促进了他们相关方面能力的提高。

（3）发展兴趣。兴趣对培养能力相当重要。古今中外许多著名的科学家、文学家、艺术家，都是在强烈的兴趣驱动下取得事业成功的。大学生要围绕所学专业发展自己的兴趣爱好，并以这些兴趣为契机，加强相关知识的学习和积累，注意发展自己的优势能力。

（4）超越自我。作为一个求职者，可以注重发展自己的优势能力，但仅仅有优势能力是不够的，还必须对前面列出的几种基本能力有所拓展，这就要求求职者在注意发展兴趣能力的同时，也要超越自我，注意全面发展自己的各种实际能力。现代社会的多维竞争增加了单一能力持有者的生存难度，同时也增加了企业的生存危机感。因此，不管将要从事的职业是否是自己的兴趣所在，都必须注意锻炼自己的基本能力。

第二节　大学生就业心理与就业观

一、大学生就业心理

就业心理是指在就业过程中，人们的注意力、兴趣、动机、情感和意志等以各种具体形式所表现出来的倾向性和能动性。就业是大学生人生道路上所面临的重要转折，在毕业前做好充分的心理准备，注重就业心理的优化和调适，对其求职就业是很有必要的。就业过程是对大学生心理素质的严峻挑战，良好的就业心理也是大学生在竞争时代必备的就业素质。

（一）大学生就业心理的特点

虽然大学生自身特点、个人理想及多元的社会结构，使大学毕业生的就业心理出现了多样化，但也存在着以下共同的倾向性。

第一，成就动机水平高，但害怕面对现实。成就动机就是想把事情做好的动力，它与个人对自己的高要求、高标准有很大关系。大学生有着强烈的成就感，什么事情都希望能够做得比别人好，能够出彩，他们希望通过自己的努力换取别人对自己的尊重，取得相应的社会地位并实现自己的人生价值。由于大学生与社会接触不多，尽管有较高的人生抱负，但是对社会的了解和认知不够，初入社会时存在一定的畏惧心理，不愿意去面对复杂的社会现实。

第二，择业心理期望值高，但缺乏信心和竞争力。大学生认为从象牙塔里出来，自己就是社会的栋梁了。这种观点是从小学开始就被老师灌输的，这也成为中学生努力拼搏考大学的动力。这种思想并没有因为考上大学而有所改变，反而经过了几年的学习，更加认为自己是社会的有用之才。于是，不少大学生的就业期望值特别高，希望能够找到一个非常好的工作平台去实现自己的抱负。但是真正步入工作岗位之后，才发现自己的素质和能力与现实要求存在明显的差距，突然变得不那么自信了。

第三，实现自身价值愿望强烈，但缺乏艰苦创业的准备。随着社会的不断发展，当代大学生实现自身价值的愿望更加强烈、渠道更加多元化，需要自己去寻找实现人生梦想的平台。在这样的自由天空下，大学生要想实现自己的人生价值，就要做好吃苦耐劳、艰苦奋斗的心理准备。

（二）大学生就业心理准备

由于就业市场竞争异常激烈，许多大学生缺乏就业经验，就业压力很大，备受就业问题困扰。充分的心理准备是解决就业问题的重要途径，毕业生应该从以下方面做好心理准备：

1. 做好角色转换的心理准备

对于绝大多数学生来说，大学阶段过的是一种相对单纯而有规律的生活，在这样的环境里，容易滋生浪漫的情调和美好的理想，但与社会现实存在一定距离。

大学生活即将结束，大学生们也将由"天之骄子"转变为现实的社会求职者，这种身份的转变就是所谓的角色转换。角色转换需要大学毕业生抛开浪漫，抛开幻想，不能把学校、家庭、亲友及同学所给予的关心、呵护、尊重当成是社会的最终认可，而要认识到自己所处的真实地位和"严酷"的社会现实，及时进行角色调整。只有这样，才能使大学生有充分的心理准备去应对激烈的就业竞争。

大学生应该清醒地认识到大学时期所学的专业知识、技能是为个人适应社会需要、成为一名合格的社会主义建设者而打下的基础，这是一个知识积累、储备的过程。这样，大学生就不再认为自己是社会上的特殊群体，而只是就业劳动大军中的普通一员，从而及时地进行角色转换和合理的角色定位，正视自己的身份，积极主动地去适应社会需要，在选择社会职业的同时也接受社会的选择，自觉加入择业者的行列，寻找适合自己的位置，正确地迈出人生关键的一步。

2. 正确认识自我，确立自我定位

不同个体之间的差异不胜枚举，每个人都有自己特定的气质、性格、兴趣、爱好、能力、特长，这些不同决定了适合自身的职业和职业发展方向的不同。全面了解自己的特点是选择职业的重要前提，作为一名求职者，只有在知己的基础上才能扬长避短，从而做出适合自己的求职决策。

科学认识自己最有效的方式是通过科学的心理测试、测量。此外，通过与老师、家长、同学的交流得到他们对自己的客观评价，也是一个有效的渠道。每个人都有自己的优势和不足，在自我认知的基础上，要了解自己适合干什么工作，怎样的环境最能发挥自己的潜能。如果不顾个人的现实条件，太突出个人的选择愿望，而不考虑工作所需，这样的人即使有才华也不一定被选中。所以，大学毕业生应当做好自我定位，及早做好职业生涯规划，脚踏实地地去实现自己的人生目标。

3. 正确的职业认知与评价

正像不同的人有适合自己的不同职业一样，职业对适合从事的人群也有要求。如从事推销、公关性质的职业，需要性格外向、有多血质或胆汁质气质特征的人，而在流水线上工作的人则最好具有粘液质的气质特征。所以作为一名求职的大学生，需要对职业要求有一定的认知。

作为一名大学毕业生，不要将自己的职业选择限定在某个范围内，而是要根据社会需要和自身特点，摆脱轻视体力劳动或服务性劳动的传统思想，选择适合自己的职业，从而拓宽就业渠道。

此外，在择业时不能只考虑该职业的薪资水平、工作环境、地点等因素，更要考虑职业对自我发展的影响与作用，能否有助于实现自我价值，要在了解社会需要的基础上，树立重视自我职业发展、才能发挥、事业成功的职业价值观。对于那些虽然现在工作条件不好，但发展空间大，能让自己充分发挥作用的单位要优先考虑；对于那些现在经济发展水平不太高，但发展潜力大，创业机会多的工作地点也要重视。大学毕业生应当树立正确的职业认知，通过多种途径客观评价将要选择的职业，在认识中形成适应我国经济社会发展和人才需求规律合理的职业价值观，以指导自己正确择业。

4. 就业后期望值与现实有差距的心理准备

大多数毕业生是怀着对未来的美好期望离开学校，走向工作岗位的。一帆风顺的成长过程会使大学毕业生梦想着在社会这个大舞台也一展身手，实现自己的人生价值。但大学毕业生职业意识的缺乏和工作能力的不足，可能会受到领导或同事的批评或冷遇，这犹如

当头一盆冷水，会使其失去心理平衡。

对于每一个人来说，以往的成败得失只能代表过去，新的起点需要重新开始，以自己的实际表现来赢得别人的尊重和信任。所以，大学毕业生要对期望值与现实的差距有一定的心理准备，宠辱不惊，不断完善、提高自己。

（三）大学生就业心理偏差及调适

近年来，就业难度日趋增大，就业矛盾日益突出，给广大毕业生带来了巨大的心理压力。大多数学生能够正确认识就业形势，积极调整好就业心理。但也有部分大学生对自我认识不足，社会定位不准，在忙碌的择业、就业过程中出现了一些心理偏差，主要表现如下：

1. 焦虑心理及调适

大学毕业生既希望谋求到理想的职业，又担心被用人单位拒之门外，担心自己在择业上的失误会造成终身遗憾，并对未来的职业生涯没有底气。因此在就业过程中存在一定焦虑心理，整天怀揣各种不必要的担心，造成精神上紧张、忧心忡忡、烦躁不安、意志消沉，甚至出现彻夜难眠的现象，行为上也出现反应迟钝、手忙脚乱、无所适从，从而影响用人单位对其做出正确评价。

要想克服焦虑心理，就要打破事事求稳、求顺的想法，增强竞争意识。要知道求职过程本身就是一种竞争，是一个优胜劣汰的过程，即使通过竞争找到了比较理想的职业，如果不继续努力，也有可能丢掉这份工作。而且有竞争必定会有风险和失败，确立了竞争意识，就不怕风险和挫折，焦虑的心理必定能得到缓解。

此外，毕业生还应改变自己择业心切、急于求成的思想，否则越急越容易择业失败，而失败的体验又会强化沮丧和焦虑的情绪。因此，要客观地分析自己，合理地设计求职目标，不盲目地与他人攀比，更不应有从众心理，尽量减少挫折，这样也会减轻焦虑的程度。

可以进行肌肉张弛放松训练，取舒适体位坐好或躺好，开始训练，具体步骤如下：

第一步：深呼吸。深吸一口气，然后慢慢地呼出，再做第二遍。

第二步：提眉。尽量提眉，然后放松，体会放松的感觉。

第三步：紧闭双眼，然后放松。

第四步：咬紧牙关，放松。

第五步：低头和仰头。尽量低头将下颌抵住胸口，然后放松；头尽量向后仰，然后放松。

第六步：缩肩和耸肩。双肩向前向胸部靠拢，然后放松；再将双肩向后肋挺胸，然后放松；再将双肩耸起，然后放松。

第七步：紧握拳头，紧握、再紧握，然后放松。

第八步：提肋。感觉肋骨上提，膈肌下降，胸腔扩大，呼气放松。

第九步：收腹，放松。

第十步：绷紧腿部肌肉，然后放松。

第十一步：翘足。尽量将脚尖抬起，然后放松。

第十二步：全身肌肉放松，体验放松的感觉。

通过肌肉张弛放松训练，可缓解或消除各种不良身心反应，如焦虑、紧张、恐惧、入眠困难等症状，以达到心理平衡。另外，在应聘前有紧张或恐惧感时，通过深呼吸或一组、二组肌肉张弛训练，可以达到转移注意力、放松心情的效果。

2. 攀比心理及调适

有的学生在择业过程中常常存在一种攀比心理，往往以谁去了知名度高、效益好的单位，谁去了大城市或高层次部门来作为自己价值的评价标准，在择业时追求"三高"（起点高、薪水高、职位高），结果，不从实际出发，不考虑择业时的各种综合因素，延误了时机，影响了就业。

大学生择业要知己知彼，知己就是要实事求是地评价自己，对自己的气质、性格、特长等要有正确的认识，要明确自己想做什么和能做什么；知彼就是要了解择业的社会环境和工作单位，正确地认识面临的就业形势，了解社会需要什么样的大学生，即社会需要你做什么。

3. 抑郁心理及调适

随着"双向选择"就业制度的确立，大学生承受的外在压力也就相应地增多、增强，择业过程中所遭受的挫折也必然比以前更大。有的学生在就业中受挫后不能正确调整心态，表现为不思进取、情绪低落，有的甚至放弃一切积极的求职努力，听天由命，严重时甚至对外界的环境漠然置之，不与外界交往，对一切都无所谓，导致抑郁症发生。

为了防止产生抑郁心理，大学毕业生要认真学习、深刻领会择业政策；正视现实，正视社会，正视自身；降低自己择业的期望值；树立吃苦精神，到基层去，到真正能发挥自己才能的地方去；加速提高素质，培养多种能力，正确对待挫折。

4. 自负心理及调适

自负心理是缺乏客观的自我分析和自我评价的表现。目前在大学生人群中，"先就业后择业再创业"的观念还没有完全建立，在就业时，许多学生总想一步到位找到满意的职位和工作。一些大学生对自己的评价过高，认为自己知识丰富、各方面条件不错，理所当然地应该能够得到一份理想的工作。这部分毕业生总是向往高薪水、高职位、高收入，即使找不到合适的单位，也不肯降低就业期望值。这种自负心理对就业的负面影响很大，常常使他们错失良机。

克服自负心理的核心是正确认识和评价自我，可以采取以下三种方法：

（1）社会比较，即将自己与社会上其他人做比较，通过社会上其他人对自己的态度来认识自己。

（2）自我静思，也叫自我反省，通过反省明确自己的专业发展方向是什么，自己的优势和劣势是什么，自己最适合干什么工作等。

（3）心理测验，根据自己的需要选择质量可靠的心理测验，如能力测验、人格测验、兴趣测验等对自己的能力倾向、兴趣和性格做一个客观评估，以帮助自己正确认识和评价自己。

5. 自卑心理及调适

自卑心理表现为对自己的评价过低，不能正确认识自己的优缺点。部分大学生由于在求职过程中屡屡受挫，对自身能力产生了怀疑；或由于来自非重点高校，或由于所学专业较冷门，对自己的前途持消极、自卑的态度。这种心理对于大学生向用人单位推销自我会产生一定的负面影响，进而影响他们的顺利就业。

要消除自卑心理，首先，至关重要的是能够正确地评价自己，纠正过低的自我评价；其次，正确看待自己的弱点和缺陷，并积极进行强化和补偿；最后，通过积极的心理暗示，增强自信心。

6. 偏执心理及调适

在就业过程中，学生的偏执心理主要表现为追求公平的偏执、高择业标准的偏执和对专业对口的偏执。在就业过程中，大学生在面对一些不良社会风气时，有的学生不能正确对待，将自己就业的一切问题归结于就业市场不公平，给自己造成心理阴影；有的学生不能及时调整就业目标，降低就业期望值，甚至宁愿不就业也不改变；有的学生不顾社会需要，无视专业的适应性，只要不能从事与本专业相关的工作就不签约，这样的偏执心理必然会减少学生就业的机会。

克服偏执心理最根本的办法就是接受客观现实，调整就业期望值。在择业时要看得长远一些，学会规划自己整个人生的职业生涯，在当前获得一个理想职业的时机还不成熟的情况下，可采取"先就业后择业"的办法。

7. 依赖心理及调适

有的学生缺乏必要的心理素质的培养，缺乏基本的自理自立能力的锻炼，致使他们养成强烈的依赖心理，当他们不得不面对就业时，常常不知所措，只是一味地依赖学校的联系、听从家长的安排。一旦希望落空，往往会产生极大的心理落差，甚至会出现很极端的行为。

依赖心理对毕业生适应社会是有害的，因为依赖的习惯会使人逐渐丧失自信。失去自我，以致不相信通过自己的努力会达成自己想要的目标。要克服依赖心理，毕业生首先要充分认识到依赖心理的危害，提高自己的动手能力，不要什么事情都依赖别人，自己能做的事一定要自己做，自己没做过的事要锻炼自己去做，通过行动上不断积累的成功来养成并强化自己动手的习惯。

8. 从众心理及调适

学有所成，在服务社会中实现自己的人生理想，是每一位即将走出大学校园的学子的美好心愿。但是，有部分大学生自我定位不够准确，对自己所学的专业缺乏深入的了解，对专业的社会需求分析不透彻，并且缺乏一定的自我决断力。这样一来，他们很容易追随他人的脚步，只要是社会上受追捧的职业，不管是否适合自己，是否与自己的专业相关，都竭力去争取。这样的付出，往往只能收获"事倍功半"的效果。这种从众心理使部分大学生丧失了更多良好的就业机会。

从根本上说，在就业问题上要克服从众心理，一方面要认清自我，了解自己的价值观，弄清自己的优势和劣势，摆正自己的位置，根据自己的实际情况形成一种脚踏实地的务实态度，而不是盲目随大流；另一方面要适当表现自己，做回自己。表现自己，能帮助个体发现自己的特长和潜力；做回自己，重在自我突破和发展，而不是强调与他人的统一。

二、大学生的就业观

就业观是人们关于职业理想、就业动机、就业标准的根本观点和看法，是就业者的世界观、人生观、价值观在就业问题上的集中反映。就业观是大学生走向求职市场的思想先导，它支配着大学生择业的方向、定位和抉择。因此，树立正确的就业观能指导大学生在就业时做出理性、合适的选择。

树立正确的就业观的核心是坚持立足于社会的就业取向，即就业取向要以社会需要为重，以社会利益为前提，将职业理想建立在充分了解自己和社会的基础上，正确认识社会需要和个人价值的关系，把个人理想和价值的实现与国家利益紧密结合，以国家需要、社会需要和人民需要为重，认识到职业不仅是以谋生的手段，更是为社会服务的工具。

（一）胸怀祖国，心系社会

大学生是最有朝气、最有干劲的社会主义事业的高素质接班人，是主宰祖国明天的优势群体。所以，在选择职业时应该树立从国家发展的大局和社会的需要出发的爱国主义精神，要正确认识自己，要认识到自己是一个社会人，自己的人生价值是社会价值和自我价值的统一。个人对社会的付出越多，回报就越多；贡献越大，生命也就越有价值。所以，当代大学生在储备知识、锻炼素质的同时，还要培养爱岗敬业、服务社会的就业观。在确立职业理想时，既要着眼当前，又要考虑长远，把职业理想与爱国情感相结合，同社会责任感和民族精神相结合，真正追求个人价值和社会价值的完美统一。这样，职业选择才能体现出其先进性、社会性和时代性。

（二）树立大众化的就业观

随着时代的变迁及科学技术的突飞猛进，高等教育大众化已是必然的趋势，大学生要顺利就业，只有根据不断变化中的人才市场状况，适时调整自己的择业方向和择业目标，转变就业观念，拓宽就业渠道，要勇于选择名气不大但又有发展前途的中小企业和私营企业，灵活地"先就业"。

大学生要把心态放平，放低眼界，客观地认识市场，根据人才市场的需求，及时调整心态，找准自己就业的社会定位，降低就业期望值，降低对薪酬的期盼和对大公司的热望，树立大众化的就业观。

（三）从基层做起，重视锻炼

大学生都怀有远大的职业理想和抱负，"精英"教育的观念很强，就业观念与社会用人单位的需求不相符，从而增加了大学生就业的难度，这一方面抑制了用人单位对劳动力的吸纳，另一方面也是造成局部地区和局部行业人才过剩的原因之一。究其更深层次的原因，就在于大学生的主观意识和自身客观条件的相互矛盾，即"精英情结"深深地束缚了他们的观念。这种情节虽然在淡化，但它的淡化速度却没有赶上高等教育大众化的普及速度。中国家庭根深蒂固的"望子成龙、望女成凤"思想和社会上"上大学＝成功＝社会精英"的观念仍对大学生"精英情结"的"泛化"起着作用，进而使得大学生产生了过高的工作期望值。

但是，由于高校扩大招生规模，所以培养出来的大学生不可能都是各方面能力都非常出色的高质量"精品"，所以，大学生应该正确定位自己，同时要了解不同行业对人才的要求和行业性质。要树立"千里之行始于足下"的就业态度，从基层做起，在工作中通过实践锻炼加强对自己业务能力的培养和工作经验的积累。此外，大学生还应该用发展的眼光去选择自己的事业，要相信自己可以比别人发展得更好。

（四）全力打造自己，用实力说话

作为大学生，为了在完成学业后能够顺利地在社会中找到立足之地，能更好地为祖国建设一展才华，就应该从自己步入大学的那一刻起，努力学习专业知识，不断加强专业技能锻炼，夯实专业基础，掌握驾驭生活、驾驭社会的本领。同时要广泛猎取各方面知识，扩大视野，以增强适应工作的能力。锤炼实力是最好的自我推销语言的方式，应该做一个市场相信、单位认可的，既看重实力又讲求诚信的社会主义劳动者。

（五）把心态清零，坦然就业

在市场经济条件下，毕业生就业实行了双向选择，毕业生和用人单位一样，有了自主选择的权利。但在选择过程中，大学生的顾虑多了起来，影响了他们的就业择业。所以，大学生在选择职业时，一定要把心态清零，只考虑自己可以选择的职业，而排除其他一切干扰。

（六）面向西部地区，面向基层

东部发达地区人才众多，而西部地区人才相对缺乏；大中城市人才竞争激烈，而中小城镇等基层单位求贤若渴是不可否认的事实。在这种形势下，大学生往西部、下基层寻找就业机会应当是一个明智之举。其实，西部地区、基层单位为吸引人才，也采取了各种措施，为大学毕业生提供了很多优惠条件，并且国家的西部大开发战略也为西部的发展创造了难得的机遇。另外，国家为了实现我国的整体发展，必定会在政策上、物力、财力上给予西部及基层极大的支持。到西部就业，身处相对艰难的环境中，不但可以锻炼自己，而且西部及基层就业竞争不太激烈，对个人来说机会更多。

（七）树立自主创业的思想

高等教育从精英教育向大众化教育的转变，使大学生的就业压力越来越大，开拓新的就业渠道，增加就业率，走自主创业之路，是当前大学生就业的新思路。

大学生在校期间就应该树立一种创业意识，转变"找工作"的单一就业思维模式为"让工作找我"的观念。但后者并非强调凭自己的知识在家静等，而是要充分发挥自己的特长和兴趣，发挥自己的知识、技能的作用，将自己的聪明才智和奋斗精神相结合，去开拓新的领域，创造就业岗位、创建自己的事业。一方面，大学生自主创业可以增强大学生的动手操作能力、组织协调能力、心理承受能力、团队合作精神和社会适应能力；另一方面，创业成为解决大学生就业的一个比较现实的选择。现代大学生创业已经不仅仅是为了获取财富，还融入了更多的作为社会人应承担的责任。

大学生进行创业探索，道路不可能一帆风顺，在碰到挫折和困难时，要灵活地调整自己的策略，不应轻易放弃，轻易言败。创业比想象的要辛苦得多，但欢乐与收获也正在其中，人生的价值也正是通过它来实现，只要坚韧不拔，相信大学生一定会成功择业并就业。

（八）树立终身教育培训观

"学业"和"技能"是求职就业的基础和前提。应该说大学生在这一方面比一般人有优势，但从大学专业设置来看，有些专业分类过细，社会对这种细化专业的要求是有限的，尽管教育部近年来对高校专业设置做了大的调整，但完全适应现实社会需要也有一个过程。大学生在校期间所学的主要是基础知识和专业知识，与实践运用有一定的距离。从社会的发展进步来讲，由于边缘学科、交叉学科的广泛兴起，需要有更广博的知识面，仅凭所学专业是不够的。因此，大学生不仅在学校里要尽可能拓宽自己的知识面，提高自己的综合素质，以适应未来严峻的就业形势，还应树立起终身接受知识教育和技能培训的观念，只有不断地"充电"才能占据主动地位。

（九）倡导"从业就是就业"观念

一般来说，刚毕业的大学生就业期望值都是比较高的，而这一群体又是就业大军中工作经验和经历都比较缺乏的。而最受用人单位青睐的正好是有各种经验的"跳槽者"，因为他们有经验，也有学历，一招进来就立刻可以在某一岗位上独当一面。这不仅为用人单位节省了员工培训及业务引导的成本，并且能很快为用人单位创造价值。而对应届大学毕业生来说，显然达不到这一标准。因此，大学毕业生想一步到位进入自己所希望的单位和岗位，难度是很大的。

在社会劳动力供给大于需求，大学生就业困难的现状下，大学生转变就业观，调整就业期望，由此拓宽就业渠道，树立"先就业、后择业；先生存、后发展"的观念已显得非常重要。大学生只有根据自身条件采取先就业后择业或临时就业、短暂就业、承包就业、兼职就业或自主创业等灵活多样就业的方式，才能走出就业困境。

第三节　大学生求职的简历制作

简历不是一张简简单单的学习、工作经历的总结表，而是展示综合素质的重要途径，大学生要学会如何制作优秀的个人简历，通过它找到心仪的工作。

一、大学生推荐表的制作

推荐信是一个人为推荐另一个人去接受某个职位或参与某项工作而写的信件，是一种应用写作文体。

现在使用的就业推荐表，是由学校毕业生就业指导服务中心统一印制的，其栏目有姓名、性别、民族、出生年月、政治面貌、学校名称、专业、学历、培养类别、外语水平、健康状况、学校地址、特长、奖惩情况、在校表现、院系推荐意见、学校毕业生就业指导中心意见等。就业推荐表填写的注意事项如下：

第一，不能涂改。就业推荐表具有代表校方的作用，有关部门是加盖了公章的，因此，填表的时候一定要细心、认真。在校成绩单、院系推荐意见等部分，一旦有涂改的痕迹，就可能引起用人单位的误解。因此，发现错误时，应当换一张重新填写。

第二，在备注栏中叙述自己的突出优势。自己具有的一些突出优势可以在备注栏里展示，比如发表的重要作品，或者突出的外语能力、突出的工作经历等。

第三，保证推荐表的唯一可信性。推荐表的原件不可仿制，更不可谎称遗失而重新补办。这样会影响学校的声誉从而造成不良影响。毕业生在"双向选择"的过程中可以使用推荐表的复印件进行"自我推销"。只有与用人单位签订协议时，才向用人单位或人事主管部门交出推荐表的原件。

就业推荐表是毕业生和用人单位达成意向后，毕业生在签订就业协议前递交给用人单位的一份正式文件，用人单位应该妥善保存。毕业生如果因种种原因和用人单位解除了录用关系，应该索回就业推荐表，以便与下一个单位签约。若遗失要及时到学校就业主管部门补办手续，以免耽误求职。

二、大学生自荐信的制作

（一）自荐信的功能

自荐信是求职者写给用人单位的信，目的是让对方了解自己、相信自己、录用自己，它是一种私人对公并有求于公的信函。求职信的格式有一定的要求，内容要求简练、明确，切忌模糊、笼统、面面俱到。自荐信具有以下两种功能：

（1）沟通交往，意在公关。自荐信是沟通求职者和用人单位之间的桥梁。通过一定的沟通，在相互认识、交流的基础上，实现相互的交往，是求职信的基本功能。实现交往，求职者才可能展示才干、能力、资格，突出其实绩、专长、技能等优势，从而得以录用。因此，自荐信的自我表现力非常明显，带有相当的公关要素与公关特色。

（2）表现自我，意在录用。要想实现自己的求职目的，就要充分扬长避短，突出自我优势，才能在众多的求职者中崭露头角，以自己的某些特长、优势、技能等吸引用人单位。

（二）自荐信撰写的要点

（1）篇幅尽量简短。只有篇幅简短、重点突出的求职信才会引起用人单位的注意，才能收到好的效果。

（2）突出个性。面对不同的招聘单位和不同的职位，求职信在内容侧重点上要有所不同，必须有很明确的针对性，切忌千篇一律，没有自己的特色。只有突出自己的个性，并很好地找到招聘岗位要求和自身条件匹配的求职信才会被招聘者关注。

（3）实事求是。适度的谦虚会让人产生好感，但过分的谦虚则容易给人留下缺乏自信的印象，而且虚假浮夸的表述很容易被招聘者识破。因此，陈述要客观真实，适度修饰。由于文化上的差异，一般对外资企业需要充分地展示自己的能力，充满自信，而对国企、国家机关以及国有企事业单位则应适当内敛，着重介绍自己的知识和能力，语气要适度含蓄。

（4）语句通顺，文字流畅。求职信一般要求打印，要做到排版工整、美观，不要出现错别字，语句流畅通顺，文字通俗易懂，切忌用华丽的辞藻进行堆砌，少讲大话、空话和套话。

（5）尽量不要谈薪酬。如果没有被要求，不宜在求职信中谈论薪酬待遇。如果招聘者要求自己提供薪酬要求，那么就适度地说明，或者参照行业薪酬标准的中等水平，并且注明这是可以协商的。

（6）仔细检查。写完后应认真阅读修改，或请周围的人帮助修改，避免有歧义的表述，避免重点不突出或表述层次不清等疏漏，这样求职信才更能准确地表达求职者的信息。

三、大学生个人简历的制作

个人简历是求职者给招聘单位发的一份简要介绍，它包含自己的基本信息，如姓名、性别、年龄、民族、籍贯、政治面貌、学历、联系方式，以及自我评价、工作经历、学习经历、荣誉与成就、求职愿望、对这份工作的简要理解等。现在常常通过网络找工作，因此一份良好的个人简历对于获得面试机会至关重要。

通过阅读个人简历，招聘人员可以从多个方面来考量求职者：①求职者的能力。招聘者根据求职者受教育的程度、有无相关工作经历、取得过何种成绩等来判断求职者的基本能力和素质，因此简历中需列举具体的事实来证明求职者能胜任招聘岗位。②求职者的职业诚信。招聘者很看重求职者的职业诚信，会注重求职者工作的稳定性及材料表述的真实性，如果频繁跳槽或经历表述中有隐瞒、欺骗的信息，就会使招聘人员对求职者的职业诚信有所怀疑，从而影响求职者的求职。③求职者的思维特征。招聘者可通过简历表述的层次性、逻辑性、准确性及文字写作能力，来判断求职者的思维特征。

（一）简历的类型与内容

1. 简历的类型

（1）文字型简历。文字型简历是用文字描述自己的经历，如个人基本情况、做过什么工作、有何成绩、获过什么奖励等。这是传统的写法，现在一些用人单位往往愿意用有经验、有教训的人，关键是看应聘者能否从失败中找到原因，是否具有敢于担当的勇气。

（2）表格型简历。表格型简历是以表格的形式分栏目介绍个人情况的简历，比较简练，一目了然。特别是经计算机处理后的表格型简历，非常规范、美观。在 Word 文档中有很多简历模板，基本上可以满足我们的需求。简历的样式不要太花哨，能够突出个人信息即可。针对设计类的职位，则需花一些时间制作有个性的简历，以充分展示自己的设计水平。

2. 简历的内容

（1）个人资料。个人资料必须有姓名、性别、联系方式（固定电话、手机、电子邮箱、固定住址）。

（2）学业有关内容。学业有关内容包括毕业学校、学院、学位、所学专业、班级、城市和国家，然后是获得的学位及毕业时间，学过的专业课程（可把详细成绩单附后）以及一些对工作有利的辅修课程以及毕业设计等。

（3）本人经历。本人经历指大学以来的简单经历，主要是学习和参与社会工作的经历，有些用人单位比较看重你在课余参加过哪些活动，如实习、社会实践、志愿工作者、学生会、团委工作、社团等其他活动。

（4）荣誉和成就。荣誉和成就包括"优秀学生""优秀学生干部""优秀团员"及奖学金等方面所获的荣誉，还可以把你认为较有成就的经历（比如自立读完大学等）写上去；或者是参加国家学术性竞赛、国际比赛获得的荣誉等。

（5）求职愿望。求职愿望应表明你想做什么，能为用人单位做些什么，此部分的内容应简明扼要。

（6）附件。附件可包括个人获奖证明，如优秀党、团员，优秀学生干部证书的复印件，外语等级证书的复印件，计算机等级证书的复印件，发表论文或其他作品的复印件等。

（7）个人技能。个人技能包括专业技能、IT技能和外语技能，同时也可以罗列出技能证书。

（8）第三方推荐。第三方推荐是指通过专业的职业测评系统出具详细客观的测评报告，作为第三方推荐信，附在简历后面作为求职推荐的形式。一方面说明求职者的职业性格、职业兴趣，另一方面有利于用人单位判断求职者与岗位的匹配情况。

（9）封面。一般来讲，求职者可以在个人简历上设计封面，也可以省去封面。关于封面，有部分人力资源管理者不喜欢封面，因此，求职者在选择封面时需慎重考虑。封面要求要简洁，可以在封面上出现个人信息，方便用人单位查阅，并且封面的风格要符合应聘公司的文化和背景，也要凸显自己的个性和风格。

（二）简历的格式及其制作要点

1. 简历的格式

（1）时序型。时序型格式是简历格式的当然选择，因为这种格式能够演示出持续和向上的职业成长全过程，它是通过强调工作经历实现这一点的。时序型格式以渐进的顺序罗列你曾就职的职位，从最近的职位开始，然后再回溯。区分时序型格式与其他类型格式的一个特点是罗列出的每一项职位下，要说明责任、该职位所需要的技能以及最关键的、突出的成就。关注的焦点在于时间、工作持续期、成长与进步以及成就。

（2）功能型。功能型格式在简历的一开始就强调技能、能力、自信、资质以及成就，但是并不把这些内容与某个特定雇主联系在一起。职务、在职时间和工作经历不作为重点以便突出强化个人的资质。这种类型的格式关注的焦点完全在于所做的事情，而不在于这些事情是在什么时候和什么地方做的。

（3）综合型。综合型格式提供了最佳选择——首先扼要地介绍自己的市场价值（功能型格式），随即列出工作经历（时序型格式）。这种强有力的表达方式迎合了招聘的准则，并且通过专门凸现能够满足潜在行业和雇主需要的工作经历来加以支持。而随后的工作经历部分则提供了曾就职的每项职位的准确信息，它直接支持了功能部分的内容。综合型格式很受招聘机构的欢迎，它既强化了时序型格式的功能，同时又避免了使用功能型格式而招致的怀疑。

（4）履历型。履历型格式的使用者绝大多数是专业技术人员或是那些应聘的职位仅仅需要罗列出能够表现求职者价值的资信。如医生就是使用履历型格式的典型职业。在履历型格式中无须其他，只需罗列出资信情况，如就读的医学院、住院实习情况、实习期、专业组织成员资格、就职的医院、公开演讲场合及发表的著作。

（5）图谱型。图谱型格式是一种与传统格式截然不同的简历格式。传统的简历写作只需要运用左脑，思路限定于理性、分析、逻辑及传统的方式。而使用图谱型格式还需要开动你的右脑（大脑的这一半富于创意、想象力和激情），让简历更加生动。

2. 简历制作的要点

（1）将"个人简历"换成个人姓名。大学生求职者可以将简历上方的"个人简历"四个字换成自己的姓名和联系方式。招聘者在挑选求职者进入下一轮笔试或面试时，经常会遇到人数不够的情况。他们不可能再重新从上千份简历中找出符合条件的求职者，他们一般只会根据第一遍看简历时的印象进行筛选。如果求职者的简历上最明显的位置上写的是自己的姓名和联系方式而非毫无用处的"个人简历"四个字，人力资源主管就能轻松地记住该求职者的姓名，并找到他的简历。

（2）最好不超过两页纸。大学生制作简历时，往往抱着尽善尽美的心态，总觉得为了充分展示自己的才能，就要把简历制作得面面俱到。因此，制作精美、内容翔实往往是大学生制作简历时普遍的标准。有很多学生为让简历显得厚重，把自己有的东西全部附上，让用人单位去选，这样的简历给人的印象是没有重点，同时也缺乏竞争力。用人单位通常只是想通过个人简历能大概地了解应聘者的一些初步情况。用人单位会收到许多应聘者的简历，长篇累牍式的简历会让招聘者看得头昏眼花。所以建议求职简历最好不要超过两页纸，第一页是基础简历，第二页即是求职信。

（3）用优质纸张打印简历。许多求职者为了节约成本，会选择便宜而粗糙的纸张打印简历。求职者的简历到了公司后，公司一般还会再将简历进行多次复印，以供多位不同的人力资源主管或公司上层领导查看。用粗糙的纸张打印出来的简历可能最初效果还不错，但经过多次复印后就会模糊不清了。所以，简历最好选用优质纸张打印。

（4）写明求职意向。求职意向一定要明确到岗位，而且要打印出来。切勿抽象或笼统。

（5）突出对求职有用的兴趣特长。无论行政机关还是民营企业的人力资源主管，都十分重视员工的兴趣和特长，因为一个人的兴趣和特长不仅能体现一个人的性格特点，而且在必要的时候，如单位举办的球赛、演出等活动中能起到重要作用。因此，求职者一定要重视该项内容的填写。同时，还应该注意突出对求职有利的兴趣、特长，避免对求职不利的兴趣、特长。

（6）实践经验应具体明确。人力资源主管都非常重视求职者的实践经验，因此，在描述实践经历时切忌含糊不清，一定要将自己的具体工作明确地描述清楚。

（7）不违背真实原则的变通。简历的真实性原则，是指真实地填写自己的各项信息，不能杜撰个人的能力和经历。在不违背真实原则的基础上也可稍做变通。真实性原则基础上的变通都必须在个人的可控范围之内，他人或外在条件所控制的，不能乱写。

第四节　大学生求职技巧与环节

一、大学生的择业技巧

在竞争激烈的现实社会，人人都想成功地立足于社会，个个都想找到充分发挥自己特长、获得较高报酬的工作单位。可是有许多大学毕业生，虽然拥有较高的学历和丰富的知识，但由于初次择业经验不足，缺乏必要的求职、择业技巧而很难如愿以偿。求职、择业是一门学问，也是一门艺术，有许多技术和技巧。要想找到一份理想的工作，学习一些方法、掌握一定的技巧是很有必要的。

（一）个人与职业匹配的原则

第一，兴趣与职业相匹配。个人选择的职业与自己的兴趣吻合，枯燥的工作也会变得丰富多彩，并会产生工作的动力，但个人的兴趣爱好只能作为职业选择的重要依据，而不是全部。

第二，能力与职业匹配。每个人都有自己的能力结构，而不同的职业对从业者的能力也有不同的要求，随着社会的发展，社会分工越来越细，各种职业对从业者提出了更高的技能要求。大学生在择业时，要选择适合自己能力、能充分发挥自己特长的职业。注意不要把兴趣误认为是特长。

第三，气质与职业匹配。在现实生活中，许多人不能做好自己的本职工作，究其原因，并不是他们的能力低下，而是因为他们的气质与所从事的工作不相适应。人的气质具有先天性和稳定性，它对一个人所从事的职业活动没有决定性作用，但会对所从事职业工作效率产生影响。

第四，价值观与职业匹配。不同人对职业特性可能有不同的评价和取向，价值观作为人们对待职业的一种信念和态度，往往决定了人们的职业期望，影响着人们对职业方向和职业目标的选择。

（二）大学生的求职技巧

求职者在求职的各个环节要多动脑筋，把自己优秀的方面展现出来，恰到好处地表现自己外在和内在的特点与优势，从而给招聘者留下良好的印象。但需要注意，智慧不等于耍小聪明，要把握好分寸。

第一，有的放矢、适度包装。针对不同用人单位的不同要求，准备针对性较强的材料，强调自己与所应聘岗位相关的知识能力和专长经验，让用人单位觉得自己就是最理想的应聘者。同时，包装已成为当代求职者在求职过程中展示自己的重要手段，适度的包装可以更有效地提升自己的地位和形象，但过度的包装却会使人反感。包装包括两方面：①自荐材料的包装，应注意按照不同类型的单位准备不同形式的材料，一般可分三类——国家公务员、学校教员、公司职员；②对自身的包装，主要是着装，要求大方、得体、规范。

第二，诚信为本。既要客观展示自己的优势和强项，又能正视自己的缺点和不足。根据经验，用人单位并不会太在意应聘者的缺点和不足（致命的缺点除外），他们主要关注的是应聘者的发展潜力和对待问题的态度。

第三，积极主动。就业信息都有很强的时效性，大学毕业生在对就业信息进行充分论证后应主动出击，并做好各方面的准备，否则会坐失良机。在求职时需要做到：不等对方索要，主动呈交；不等对方提问，主动介绍；不消极等待回音，主动询问。做到这几点，自然会给招聘单位留下自己态度积极、求职心切、胸有成竹的印象。

第四，重点突出。在介绍情况时要重点突出自己的知识能力和与众不同的地方，还应有一定的举例说明，并且体现在所表达的语言中。

第五，出其不意。求职是一门艺术，职场是一个不见硝烟的战场，求职者如能在求职思路上出其不意，攻其不备，则往往能收到意想不到的效果，从而获得招聘人员的青睐，成为最后的胜出者。

（三）大学生电话与网络求职技巧

随着社会的发展，电话与网络求职已成为一种新时尚。电话与网络求职不仅可以起到"先声夺人"的效果，还可以节省时间，避免求职的盲目性，增加面试机会，提高求职效率。在电话与网络求职时应该选择并控制通话时间、准备通话要点、做好通话记录、注重礼貌及通话方式。以下以电话求职为例，应注意以下方面：

第一，调整好通话心情并做好相应准备。电话求职时应该准备一些应征理由和自我推销的说辞，以面试的心态通电话。通常，一般的公司在询问后会要求求职者寄送履历表，甚至在电话中就进行测试，从而决定是否进行进一步面谈；如果把事情想得太轻松、太简单，一旦突然被问到应聘的动机、工作经验等问题，可能会因为没有准备好而无法很好地回答。在电话求职时最好准备好纸笔，以方便记录通话中的有关内容。

第二，注意好通话场所。电话求职时尽量选择在安静的地方，如果一定要在外面联络，也应选择相对安静的环境，在吵闹的大街除了听不清楚之外，也容易让人烦躁。

第三，选择好通话时机。不要在对方可能忙于处理其他事务时通话；临下班前半小时不宜通电话；午休时间打电话影响别人休息，是不礼貌的。一般应选择上班时间通话，如果在上班后半小时内打求职电话，效果最为理想，这有利于强化记忆和印象；一般不可以在临近下班时打电话，否则可能会影响对方的情绪，影响通话效果。另外，如果估计通话时间较长，应该事先预约。

第四，准备好通话内容。电话求职的根本目的是争取面试机会，电话上能谈及的最多只有一两个中心内容。因此，电话求职的通话内容要围绕中心内容进行准备，尤其是要清楚打电话的目的与意义，要清楚，告诉对方哪些有吸引力的信息、预期的结果可能是什么、自己可能会碰到些什么阻碍、怎样处理意外事件、如何提出与对方会面的要求。在实际通话前需要厘清思路，接通电话后，按事先拟好的提纲，逐条讲述；求职电话一般应先进行自我介绍，询问对方是否正在招聘，对应聘者的要求是什么，或直截了当地询问招聘广告中不明了的有关事宜。

第五，把握好表达方式。既然应聘者决定打求职电话，说明其对用人单位有诚意。接通电话后，应聘者应有礼貌地问清对方单位的名称，说出要找的人的姓名。如果对方就是相关负责人，则应先问候，然后谈话；如果对方不是相关负责人，则应有礼貌地请求对方告知；如果相关负责人不方便通话，则主动请接电话的人把自己的单位和姓名转告相关负责人。通话时，应注意语言、语调和语气，要热情、坚定、自信，咬字要清楚；音量要适中，以对方听清楚为准；不要过分客套，也不要含糊其词。通话结束时，应该礼貌地说声"再见"。这是通话结束的信号，也是对对方表示尊重，还应注意在对方挂掉电话后再挂电话。

第六，运用好加深印象法。电话求职时应抱有认真的态度，但也可以略带幽默，给人留下开朗、活泼、朝气蓬勃的印象，不过不能失之轻浮、油腔滑调，应把握好"度"。打电话应语调连贯，不用"这个、那个"之类的习惯用语，也不可结巴。要尽量用普通话，使接话人听得清、记得准，语速要适中，不急不缓，因为说话从容往往给人以稳重、可靠的印象。说话要对着话筒，说话音量不要太大，也不要太小，咬字要清楚，吐字比平时略慢一些，语气要自然，当对方不够热情时，打电话更要注意语气和声调。

二、大学生面试

（一）面试的类型

1. 结构式面试

结构式面试的目的在于去除偏见，帮助雇主做出客观的决定。结构式面试由面试主考官掌控面试的全过程，他会按照事先设定的考核标准精心设计问题，制订标准的评判或计分方法，然后对应聘相同职位的应聘者进行相同问题的测试或谈话，以此考核应聘者的知识、能力、经验等，并做出相应评价。结构式面试属于常规式面试，为众多用人单位所采用。

2. 非常规面试

"非结构化面试是指面试没有应遵循的特别形式，主试者可以问随机想起的问题，谈话可以向各个方向展开。它的优点是可鼓励求职者讲出心里话，收集更为丰富的信息，方式灵活。"[①] 常见的非常规面试有以下形式：

（1）自由式面试。由面试官与应聘者自由漫谈，使应聘者得到充分放松与自由发挥，从而更全面地了解应聘者。

（2）压力式面试。面试官有意识地向应聘者施加压力，或针对某一问题进行一连串发问，刨根究底，使应聘者疲于应付，十分被动，使其陷入难堪的境地，以此考查应聘者承受挫折的能力、随机应变的能力及心理素质等。

（3）即兴演讲式面试。一般采取现场抽签的方式，进行即兴命题式演讲。从应聘者抽到演讲题目开始，到准备演讲，直至完成演讲，一般不超过 15 分钟。演讲时间一般为 5 分钟左右。这种面试主要考查应聘者的语言表达能力、思维敏捷性、逻辑性、知识渊博性等。产品销售员、公关人员、教师等职业领域较多采用即兴演讲式面试。

（4）角色模仿面试。由应聘者现场模仿所应聘岗位的角色，并据此判断应聘者的学习能力、语言表达能力、公关活动能力、业务水平、随机应变能力，以及对所应聘岗位的认识程度、理解程度及是否能胜任这一工作。

（5）情景式面试。设想某种场景，由应聘者在该场景中扮演某种角色去完成某项任务，并据此判断应聘者的反应能力和随机应变能力。

---

①郭帆，崔正华，李猛，等 . 大学生职业生涯规划与就业指导 ［M］. 南京：东南大学出版社，2018：157.

3. 评估中心

评估中心是一系列考核方式的综合，这是一些专业化程度较高的外资企业通常使用的方法。这种面试包括在公众面前的个人演讲、辩论、无领导的小组讨论、团队创建游戏等，其测试目的是考核应聘者的适应能力和在一个全新的、毫无准备的情境中处理问题的能力。

4. 无领导小组讨论

无领导小组讨论是由一组应聘者组成一个临时工作小组，讨论给定的问题并做出决策。在这种面试中，主试方或者不给应聘者指定特别的角色，或者只是给每个应聘者指定一个彼此平等的角色，并且既不指定谁是领导，也不告诉应聘者应该坐在哪个位置，而是让所有应聘者自行安排、自行组织，主试人只是通过所安排的讨论题目，观察每个应聘者的表现，从而对应聘者的素质水平、能力进行判断。这种面试的目的是考核应聘者的领导能力、组织协调能力、口头表达能力、说服力、洞察力及处理人际关系的能力。

5. 一对一个别面试

一对一的个别面试经常应用于第一轮面试，其目的不是找出期望中的人选，而是通过对应聘者所具备的知识技能和经验等进行初步的了解与核实，以剔除一些素质较差的应聘者。

6. 多对一主试团面试

多对一的主试团面试是由人力资源部经理、业务部门经理及将来有机会与应聘者共事的同事等人组成面试团，对应聘者的人格特质、业务素质、行为风格等进行考核。应聘者要对面试团成员的所有提问进行回答，并要注意与他们之间的沟通，不能忽略其中任何一个人的问题。面试结束后，面试团会综合所有成员的意见给应聘者一个评价。

7. 多对多的小组面试

多对多的小组面试中，主试方和应聘者都是多个人，主试方多人从不同角度轮流对一个应聘者提问，并要求其他应聘者对同一问题依次进行回答，从而对应聘者进行比较和权衡。通过这种面试，主考官通常想了解应聘者与团队互动的情况、每个应聘者在团队中的角色、谁会在团队中以领导身份出现等。这种面试形式中，考虑周到、表现机智很重要，但是不要独占会谈场面。

8. 远程视频面试

远程视频面试是运用现代网络技术手段，通过网络视频进行远程面对面网络交流的面试方式。

（二）面试的内容

第一，自我介绍。自我介绍是应聘者与主聘者建立互动关系的第一步，在 2～3 分钟的陈述中，面试官将对应聘者的精神风貌、表达方式、对工作的渴望态度等情况进行初步判断，从而形成至关重要的第一印象。

第二，背景陈述。背景陈述环节的考核主要是问答式的，通过这个环节，面试官将重点考核应聘者是否具备与未来工作要求相符或者略有超越的基本能力。如果面试官是所应聘岗位的部门负责人，也可能对应聘者的专业背景进行提问，可见这部分问题的核心就是"为什么要雇用（聘用）你"，如果应聘者所有的答案都围绕这个核心问题，进行明确、肯定和有说服力的回答，即使不是最"准确"的，也一定是"合适"的。

第三，交流讨论。交流讨论是任何一个面试过程中最关键的部分，面试官将试图把应聘者的资质和职业兴趣与单位（组织）可能提供的工作岗位进行有机对应，讨论的内容可能是应聘者未来工作中会遇到的难题，也可能是貌似与工作无关的笼统的问题。显然，如果没有对工作职位的充分了解，没有对应聘单位惯用思维方式和表达方式的熟悉，是很难回答好这类问题的。因此，任何一次与面试官进行的富有建设性和吸引力的对话，都是建立在对那些自己有兴趣并有信心做好其工作的充分调查基础之上的，进而才能说服主试者相信，应聘者正是他们在竭力寻找的最佳人选。同时，在这一面试阶段，应聘者还可以结合面试官没有涉及或是涉及不充分的、与工作有关的问题与面试官进行交流。

第四，结束阶段。一般情况下，面试官会利用面试的最后几分钟对单位再进行简单的介绍，回答应聘者仍然不太清楚的问题，同时说明应聘者将在什么时候能得到面试结果，并介绍接下来的考核方式。

（三）面试的准备

面试是大学生通往自己心仪单位的必经之路，在面试前的准备可从硬件准备和软件准备两方面着手。

1. 硬件准备

（1）推荐材料的准备。面试之前根据用人单位的特点和要求准备几种格式的推荐材料，确保面试官想看什么就有什么，除此之外，还应准备就业协议书。

（2）个人形象的准备。面试前应该准备一套合适、得体的职业装，男性最好是深色西装，配同色系或互补色系的衬衫，还要系上领带、穿皮鞋。女性可以选择稍休闲的职业装，若是裙装，则要穿丝袜、合适的高跟鞋。保持良好的举止也能够为面试加分，如站姿、坐姿、眼神表情等都要规范。穿着打扮既能反映一个人的修养，也是对面试官和用人单位的尊重。一般情况下，衣着不整、蓬头垢面会给面试官留下不好的印象，而过于时尚的打扮又会被认为不成熟或不可信任。

（3）纸、笔、证件的准备。面试之前一定记住准备好用于面试时记录的纸和笔，并准备好用于证明自己身份和优秀素质的相关证件、证书。需要准备的有关证件包括学生证、身份证、毕业证、相关荣誉证书、发表的各类作品等，最好将相关证书、作品等复印件整理装订成册，并带上原件。

2. 软件准备

（1）"知彼知己"。一方面，尽可能详细了解用人单位的情况，包括组织内部情况和组织外部情况两方面。组织内部情况又包括发展历史和最新动态、发展目标与组织文化、单位领导人的姓名、单位规模与行政结构、服务内容与类别、财政状况、绩效考核体系、培训体系、薪酬体系、正在招聘的职位及能力要求等；组织外部情况包括服务对象的类型及规模、组织的公众形象与社会评价、主要竞争对手的情况等。另一方面，尽可能全面认识自己，包括自己的基本情况、教育背景、知识结构、专业水平、组织管理能力、兴趣爱好、社会经验、公众评价、主要优缺点等；只有知彼知己，才能在面试中胸有成竹、言之有物，增强面试的针对性和说服力。

（2）加强面试技巧培训。一般的企业面试竞争压力不会太大，面试者无须掌握过多面试技巧就能通过。但对于知名企业、国企、事业单位等的岗位或公务员面试，应聘者多，用人单位优中选优，这时对面试者技巧要求较高，往往一个环节把握不到位，或是一个问题回答有偏差，则可能导致出局。因此，参加一定的专业面试技巧培训，虚心听取他人意见，加强语言表达能力和随机应变能力的训练尤其重要。

（3）保持良好的心态，努力克服紧张心理。既要充分认识到求职竞争的激烈、残酷和困难，又要充分树立战胜自我、战胜他人的必胜信心。要敢于正视失败，要勇于丢掉思想包袱，轻装上阵，畅所欲言，不要患得患失。既不能把一次面试和工作机会看得过轻，又不能将其看得过重，从而背上沉重的心理负担和思想包袱。

（4）回顾简历并预演面试场景。求职者通常会针对不同的企业或不同的岗位而对简历进行相应调整，所以在面试前，应聘者应该对投递的简历进行回顾，重新熟悉内容，特别是在个人介绍部分要突出人职匹配度，让面试官相信你确实有可用之处。做好这些工作后，可以请一位有经验的朋友、同学或老师扮演面试官，对面试进行必要的模拟演练，对一些可能提到的问题进行预先熟悉，以便于面试时能更好地发挥。

（四）面试各环节的技巧

1. 面试自我介绍的技巧

留下良好而深刻的第一印象是面试成功的一半。自我介绍要求应聘者清楚说出自己的基本情况，时间以 2~3 分钟为宜，思路要清晰、重点要突出，主要陈述自己的强项、优势、专业知识技能、成就等情况，突出能为应聘单位做什么贡献，不要重复简历上的内容。

（1）充满信心，礼貌谦和。应聘者在自我介绍时要做到：满怀信心，精神饱满；沉着冷静，不慌不忙；面带微笑，彬彬有礼。礼貌谦和是中华民族的传统美德，也是在求职面试过程中博得面试官好感的行为。要尽量使用尊敬与谦虚的语言。要使用尊称，如"尊敬的领导，您好"。

（2）重点突出，有的放矢。个人基本情况要讲清，重点要突出。如姓名、毕业学校、所学专业、本专业年级或班级排名（成绩排名、综合排名）、获奖情况、任职情况、社会实践等基本情况要讲清楚，不能省略。个人优点、能力、特长或特色要突出。要根据用人单位的需要和应聘职业（岗位）的要求，有针对性地进行自我介绍。

（3）要用事实说话。要注意用事实说话，用真实可靠的数据说话，事实一定要具体，不能含糊其词，要有说服力。如"多次获得奖学金""多次参加社会实践活动"等描述难以令人信服，而要说明"何时获得几等奖学金""何时何地参加何种社会实践活动、有何收获"等。

（4）尽量少用或不用形容词、副词，多用动词。由于自我介绍注重用事实说话，因此，不宜使用"很好""非常好""极大""一切""深入""很强""很高""非常高"等形容词或副词，要大量使用"获得""学习""操作""创造""参加""从事""担任""通过""熟练""进行""掌握""组织""参与""得到"等动词，使用动宾结构的话语更有说服力。

（5）尽量少用或不用模糊语言。自我介绍要令人信服，就必须用较为肯定的语言（气）说话，一般不使用模糊语言，而要用"是""确定""一定"等判断词，给人以可信感。

（6）语言精练，把握时间。一般自我介绍时间为 3 分钟左右，很少超过 5 分钟。自我介绍时间的长短，往往与应聘者人数、面试官性格、动机等因素有关。如参加面试者人数众多，则自我介绍时间会相应缩短；如参加面试者人数较少，则自我介绍时间会相应较长。

（7）思路清晰，层次分明。先讲什么、后讲什么，哪些该讲、哪些不该讲，哪些应多讲、哪些应少讲，都要做到心中有数，有条不紊。

（8）热爱单位，信念坚定。应聘者应表明对应聘单位的仰慕憧憬之情、对应聘职业与岗位的热爱向往之心以及为之奋斗的坚定信心和决心。

（9）抓住机会，巧用赞美。在进行自我介绍时，可以注意使用一些赞美的语言。

2. 面试聆听的技巧

听也是一种学问，人的思维速度是说话速度的几倍，一般情况下，说者还没说完，听者也许早就理解了。善于倾听并成为一个优秀的"听众"，是面试成功的又一个重要方面。

（1）全神贯注、用心倾听。大学生在面试时精力必须高度集中，不能分心，要做到耐心、专心。应聘者在听面试官谈话时，应当保持耐心，不能表现出不耐烦的神色，更不能东张西望。同时，应聘者应全神贯注，始终保持精神饱满的状态，专心致志地注视着面试官。在与面试官的交谈过程中，应聘者可不时发出表示听懂或赞同的声音，如果一时没有听懂对方的话或对所表述内容有疑问，可以适时地提一些有针对性的问题。

（2）尊重他人、姿势得当。无论是站着还是坐着，应聘者都要让面试官感觉到自己在注意倾听、是最优秀的听众。具体表现为，身体要稍微向前弯曲，以缩短与面试官的距离，表示对他的话有兴趣，并用各种肢体语言来回答面试官的问题，表明自己的机敏。同时，还要注意姿势要自然、放松，不要出现用手捂嘴巴、两手抱着胳膊、双手抱肩、双手在胸前交叉等姿势，这些姿势既不礼貌，也反映一个人的紧张感。

（3）用好眼睛、适时互动。在与面试官谈话的过程中，应聘者应聚精会神地注视对方，保持与面试官目光的接触，表示对面试官所谈内容有浓厚的兴趣。如果左顾右盼，目光飘移不定，就显得情绪不安。同时，与面试官进行互动，将自己的关注传达给面试官，让面试官知道自己在专心地听他讲，使面试官对继续讲话保持兴趣。

（4）察言观色、保持敏感性。在聆听面试官谈话时，应具备足够的敏感性。首先，应高度关注关键的字、词，善于从面试官的话语间找出他没有表达出来的意思，即理解对方的言外之意；其次，要注意感受面试官对自己的话是否听进去、是否对自己谈的内容感兴趣；最后，还要细心观察面试官在谈话时的表情及姿势的变化，从而全面准确地把握面试官谈话的含义。

3. 面试应答的技巧

面试过程中，招聘方总会提出一系列的问题，正确应对和回答面试中的问题，应聘者需主要把握以下方面：

（1）把握重点，简洁明了、有理有据。一般情况下回答问题时要结论在先，议论在后，先把自己的中心意思表达清楚，然后再进行叙述和论证。否则，长篇大论会让人不得要领。而且面试时间有限，多余的话太多反而容易跑题。

（2）讲清原委，避免抽象。面试官所提问题总是想了解一些应聘者的具体情况，不要简单地仅以是或否作答。针对所提问题，有的需要解释，有的需要说明。过于抽象的回答往往不会给面试官留下具体的印象。

（3）听清提问内容，切忌答非所问。面试中，如果对面试官提出的问题一时摸不着边际，以致不知从何答起或难以理解对方问题的含义时，可按照自己的理解将问题重复一遍，并先谈自己对这一问题的理解，然后再请求对方确认。对不太明确的问题一定要弄清楚再作答，这样才不至于南辕北辙、答非所问。

（4）有个人见解与特色。面试官接触的应聘者可能数量很多，相同的问题可能要问若干遍，类似的回答也要听若干遍，只有具有独到的个人见地和个人特点的回答，才会引起对方的兴趣和注意。

（5）知之为知之，不知为不知。遇到自己不知道的问题时，默不作声、牵强附会、不懂装懂的做法均不可取，诚恳坦率地承认自己的不足，反倒会赢得面试官的信任和好感。

（五）面试礼仪

1. 面试前的修饰

尽管面试主要考察应考者的内在素质，但应考者以什么样的形象亮相往往会带来不同的效果。在人际交往中，仪态端庄、衣冠整洁体现了对他人、对社会的尊重，表现出一个人的精神状态和文明程度，在面试时当然也成为了衡量人品的标准之一。

（1）须发。面试是正规的场合，要保持头发整齐、干净、自然，这能够表现出面试者的精神面貌。

（2）服装。招聘单位注重求职者的能力，但同样也注重其外表留给人的印象。服饰是构成第一印象的重要决定因素之一，一个大方优雅的外表能给考官留下良好的印象。如果求职者重视自己的衣着，那么在面试一开始就会让考官对你有良好的印象。面试是正式场合，穿着应符合适合这一场合的衣服。

（3）化妆。化妆对于女同学来讲是必不可少的，但应该以淡妆为主，淡到与人的肤色相近方可，否则让人看了很不自在。对男生来讲，化妆可有可无，但是，整体需要干净清爽。

2. 面试中的礼仪

在短暂的面试时间里，运用好"印象管理"，不仅可以表达出求职者"认真对待求职"的态度，更能体现出求职者在学识、品格、个性、情感、心态等方面的优势，从而在成功求职的道路上迈出坚实的第一步。

（1）外在形象礼仪。求职面试要设计好自己的形象。求职者的形象给面试官的印象好坏，常常关系到求职的成败。求职者的着装要整洁、大方、得体。应聘者应根据所应聘的工作性质和类型，确定自己的穿着。

（2）行为举止。面试时，行为举止要得体。得体是要求应试者的举止动作要符合身份、适合场合，并能恰如其分地借以传达出个人的意思。在面试时，举止要自然、大方、文明、优雅。立要直、坐要正，走路的姿势要端庄文雅。

（3）见面礼仪。面试时要处处注意礼节，面试时一定要遵时守约，迟到和违约都是不尊重主考官的一种表现，也是一种不礼貌的行为。如果求职者有客观原因须改期面试或不能如约按时到场，则应事先打个电话通知主考官，以免对方久等。如果已经迟到，则不妨主动陈述原因，这是必备的礼仪。面试时，求职者最好提前 15 钟左右到达面试地点，以表示求职者的诚意，给对方信任感。

（4）应答礼仪。求职面试的核心内容就是应答，求职者要注重自己的谈吐。在应答过程中，要注意相应的原则和礼节规范，使自己的谈吐表现得文明礼貌、言辞标准、语言连贯、内容简洁。

3. 面试结束的礼仪

面试时，要特别注意对方结束面谈的暗示，适时礼貌告辞。即使面试失败，也要面带微笑地向主考官致谢。

三、大学生笔试

（一）笔试的类型

和面试相比，笔试是一种相对初级的甄选方式，也是一种常用的考核办法，主要是用以考核应聘者特定的知识、专业技术要求，或需要重点考核应聘者对文字的运用能力以及基本素质的一种书面考试形式。笔试是用人单位对应聘者所掌握的基本知识、专业知识、文化素养和心理健康等综合素质进行的考查和评估。笔试对应聘者来说相对公平，也很适用于应聘人数较多、需要考核的知识面较广或需要重点考核文字能力的情况，因而大企业、大单位、大批量用人，国家机关选聘公务员等，往往都会采用这种考核形式。常见的笔试主要有以下类型：

第一，专业考试。这种考试主要是为了检验应聘者专业知识水平和相关的实际能力。比如，外贸、外资企业招聘人员时要考查外语，公检法机关录用干部要考查法律常识等。

第二，心理测试。心理测试是用事先编制好的标准化量表或问卷要求被测试者完成，根据完成的数量来判断其心理水平或个性差异的方法。一些特殊的用人单位常常以心理测试来测验应聘者的态度、兴趣、动机、智力、个性等心理素质。

第三，命题写作。这种考试的目的在于考查应聘者的文字表达能力、分析问题能力和逻辑思维能力，比如，限时写出一份会议通知、请示报告或某项工作总结；也可能提出一个论点，请应聘者予以论证或批驳等。

（二）笔试的准备

了解常见的笔试类型后，接下来的问题就是如何准备这些笔试。笔试从某种角度来说，能更深入地检验毕业生的综合素质。毕业生平时的知识积累程度、对知识是否真正理解和掌握等，都能通过笔试得到较好的体现。用人单位的出题方式远比学校灵活多样，更侧重于能力的考查，而不是单纯地考查知识的掌握。因此，在笔试之前，毕业生应对它进行深入的了解，做到知己知彼，不打无准备之仗。

第一，保持良好的身心状态。应聘者要适当减轻思想负担，不给自己施加过大的压力，否则适得其反。笔试的前一天要注意休息，保证充足的睡眠，避免考试时精神不振，影响正常思维。要适当参加一些文体活动，从而使高度紧张的大脑得到放松，以充沛的精力去参加考试。

第二，了解笔试类型，做到有的放矢。不同类型的笔试，有不同的考试内容，应聘者应事先进行了解，针对不同情况做好相应的准备。如公务员考试就有明确的考试范围，并有指定的参考书，应聘者复习相对有针对性。而一些用人单位的笔试则相对灵活，范围也比较大，没有明确相关的参考书。应聘者可围绕用人单位规定的大致范围翻阅有关资料。对于毕业生而言，笔试成绩与平时的努力也有很大的关系，如果兴趣广泛，则平时应注意吸收各种信息，考试时就能驾轻就熟，得心应手。

第三，笔试的知识准备。现在的应聘考试越来越强调用所学知识来解决实际问题，具有很强的实用性。换句话说，现在的应聘考试主要是考核应聘者对知识的运用能力。因此，在复习过程中必须始终突出一个"用"字，通过各种实践，把学得的知识运用到工作实际中，去解决各种具体的问题。在知识与能力中，知识无疑是基础，如果没有扎实的基础知识，也就谈不上能力的培养和提高。掌握知识一个有效的方法就是把零散的知识系统化。但应聘考试中的笔试往往范围大、内容广，存在着一定的随意性和盲目性，因此，凡是与求职有关的知识，如文史知识、科技知识、经济知识、法律知识和一般的计算机知识，均要有所掌握。

提高阅读能力，对扩展知识面和回答应聘考试的各类问题很有益处。知识的获得，主

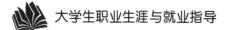

要依靠传授；能力的提高，则必须通过实践。复习时经常做阅读训练，有助于阅读能力的提高。在做阅读训练时，一定要做到"眼到"和"心到"，特别是"心到"，即对每个问题都仔细揣摩、认真思考、分析比较、综合归纳，努力提高自己的阅读能力。

为了适应笔试题量多、时间紧的特点，学生应该努力培养自己快速阅读、快速思维和快速答题的能力。因为现代阅读观念不只着眼于信息的获取，还特别重视速度，所以在准备笔试的时候一定要提高答题速度。

（三）笔试的技巧

在充分准备的基础上，还要注意笔试时的技巧，以提高答题效率。笔试技巧主要包括以下方面：

第一，增强信心。信心是成就一切事业的重要保证。笔试怯场，大多是由于缺乏自信心。客观冷静地对自己进行正确评估，就能克服自卑心理，增强自信心。应聘笔试同高考不同，高考是一锤定音，而应聘笔试是"双向选择"的一种方式，单位在选择应聘者时，应聘者也在选择单位，所以应聘者不应有太大的心理负担。

第二，做好考前准备。参加考试前，最好应先熟悉一下考场环境，这对消除应试时的紧张心理有所帮助。要弄清楚考试的要求和注意事项，尽量按要求事先准备好。带好必要的证件和一些考试必备文具等。考试前要保证睡眠，不要打疲劳战，确保考试时精力旺盛。

第三，科学答卷。答卷也是有讲究的，拿到试卷后，先不要急着做题，首先应通览一遍，了解题目的多少和难易程度，使自己对答题的顺序和重点有一个大概的把握。然后按照先易后难的原则，先做相对简单的题目和分值较高的题目，最后再攻克难题，这样就不会因攻克难题而费时太多。还应留出时间对试卷进行复查，注意不要漏题。卷面字迹要清晰，书写过于潦草、字迹难以辨认也会影响考试成绩。求职笔试不同于其他专业考试，有时招聘单位并不特别在意应试者考分的些许高低，认真的态度、细致的作风、新颖的观点也许会提高被录取的概率。

参考文献

［1］崔艳妮．大学生就业指导服务体系建设策略研究［J］．武汉冶金管理干部学院学报，2022，32（01）：21-87．

［2］狄佩佩，乔亮，王素芳．PDCA 循环理论在大学生职业生涯规划教育中的应用［J］．中国大学生就业，2022（04）：11-16．

［3］刁佳玺，林川钰，杨柯．大学生职业生涯规划影响因素分析及对策研究［J］．黑龙江人力资源和社会保障，2021（12）：130-135．

［4］董兰国，宁利红．大学生职业生涯规划能力与创新创业能力提升路径研究［J］．科教文汇（中旬刊），2021（08）：27-29．

［5］冯坤，朱伟光．"互联网+"时代背景下大学生就业指导服务工作策略探究［J］．黑龙江人力资源和社会保障，2022（08）：128-130．

［6］高秋艳．新时代大学生职业生涯规划教育的现状及破解［J］．中国大学生就业，2020（05）：54-58．

［7］郭帆，崔正华，李猛，等．大学生职业生涯规划与就业指导［M］．南京：东南大学出版社，2018．

［8］何平月．新媒体视域下思政教育与女大学生职业生涯规划融合性研究［J］．黑龙江教师发展学院学报，2022，41（04）：8-10．

［9］何小龙．职业生涯规划在大学生就业指导工作中的重要性探讨［J］．知识经济，2020（03）：171-172．

［10］胡钟华，竺照轩．大学生就业指导［M］．北京：机械工业出版社，2020．

［11］简冬秋，许继勇．大学生职业生涯规划与就业指导［M］．镇江：江苏大学出版社，2018．

［12］金丹．新形势下大学生职业生涯规划指导途径初探［J］．科教导刊，2022（04）：150-152．

［13］郎婕．大学生就业指导发展的对策思考［J］．大众标准化，2021（02）：116-117．

［14］李金亮，杨芳，周欣．大学生职业生涯规划［M］．长沙：湖南教育出版社，2019．

［15］李娜，蔡灵美．思想政治教育与大学生职业生涯规划有机融合的研究［J］．现代商

贸工业，2022，43（05）：68-70.

[16] 李晓波．大学生职业生涯规划［M］．镇江：江苏大学出版社，2019.

[17] 廖小慧．新时代大学生就业指导实践创新路径［J］．人才资源开发，2021（16）：
54-55.

[18] 林燕清，林俊．大学生就业指导［M］．北京：北京理工大学出版社，2020.

[19] 刘凤听，康超，罗杨合，等．新工科背景下高校工科大学生就业指导课程探索［J］．
轻工科技，2022，38（01）：151-153.

[20] 刘宏，钱永胜，张勇．大学生职业生涯规划［M］．北京：中国传媒大学出版
社，2018.

[21] 刘秀荣．大学生职业生涯规划与创新创业能力提升探析［J］．经济师，2021（02）：
139-141.

[22] 刘岳，侯佳琳，任增元．我国大学生职业生涯规划理论基础及当代实践探索［J］．
现代教育科学，2022（02）：54-59.

[23] 吕明，张小嵩．大学生职业生涯规划［M］．西安：西北大学出版社，2018.

[24] 孟祥敏．大学生职业生涯规划影响因素研究——基于长三角9所高校的调研数据
［J］．中国青年社会科学，2020，39（04）：94-102.

[25] 苗青．基于全球素养的大学生职业生涯规划教育［J］．黑龙江教育（高教研究与评
估），2022（01）：81-82.

[26] 欧姣姣．论高校加强大学生职业生涯规划教育的重要性［J］．湖北经济学院学报
（人文社会科学版），2021，18（03）：143-145.

[27] 彭汉生．创新创业能力培养视角下的大学生就业指导模式构建思路探讨［J］．中国
市场，2022（05）：88-89.

[28] 申忠奇．大学生职业生涯规划策略分析［J］．黑龙江人力资源和社会保障，2021
（18）：145-147.

[29] 盛婉莹．大学生职业生涯规划课程优化设计研究——基于OBE教育理念［J］．职业
技术，2022，21（06）：103-108.

[30] 石洪发．大学生职业生涯规划［M］．北京：北京理工大学出版社，2020.

[31] 谭颖．高校大学生就业指导中辅导员思政教育的意义分析［J］．产业与科技论坛，
2021，20（18）：108-109.

[32] 陶元，胡晓敏．"后真相时代"大学生职业生涯规划教育的困境与对策研究［J］．
高教学刊，2021（02）：27-30.

[33] 王涵映．人工智能背景下大学生就业指导中思政教育的实现与对策［J］．佳木斯职

业学院学报，2022，38（03）：143-145.

［34］王炼，苏斌．大学生职业生涯规划［M］．成都：四川大学出版社，2018.

［35］王学臣，周琰．大学生职业生涯规划影响因素与教育对策［J］．中国成人教育，
2021（17）：28-32.

［36］王雨濛．高校大学生职业生涯规划现状、问题及对策分析［J］．现代商贸工业，
2022，43（11）：68-69.

［37］谢洪浪．新时代大学生就业指导实践创新路径探讨［J］．黑龙江人力资源和社会保
障，2021（17）：145-147.

［38］许珂瑶．大学生职业生涯规划问题与对策［J］．合作经济与科技，2021（22）：
86-87.

［39］翟雨翔，王佳，杨红娟．高校大学生职业生涯规划体系构建研究［J］．大众标准化，
2021（18）：188-190.

［40］张芳．地方高校构建个性化大学生就业指导咨询体系研究［J］．当代经济，2022，
39（04）：107-112.

［41］张琳，李中斌，王杨．大学生职业生涯规划与就业指导［M］．上海：上海交通大学
出版社，2018.

［42］张少飞，张劲松，魏鹏，等．大学生就业指导［M］．济南：山东人民出版社，
2018：2.

［43］张晓蕊，马晓娣，岳志春．大学生职业生涯规划［M］．北京：北京理工大学出版
社，2019.

［44］张燕华．"大学生职业生涯规划"课程教学改革创新初探［J］．教育教学论坛，
2021（36）：93-96.

［45］赵天睿，白洪涛，司卫乐．大学生就业指导［M］．长沙：湖南师范大学出版
社，2018.

［46］周清，何独明．大学生职业生涯规划与就业指导［M］．北京：北京理工大学出版
社，2019.

［47］朱建童．"三全育人"背景下大学生职业生涯规划的创新路径［J］．人才资源开发，
2022（07）：63-65.

［48］朱燕．高校大学生就业指导中辅导员思政教育的现实意义分析［J］．陕西教育（高
教），2022（02）：49-50.